정수현 9단의
고수경영

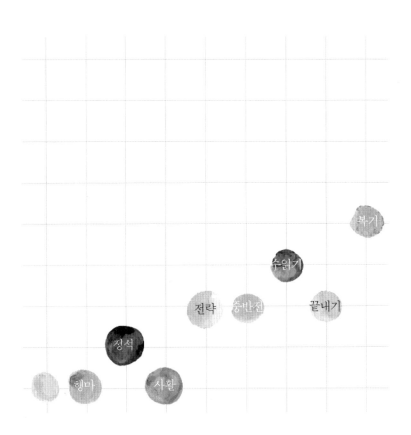

복기

수읽기

전략   중반전   끝내기

정석

행마   사활

정수현 9단의
고수경영

정수현 지음

더메이커

바둑에서 경영을 찾다

인류가 고안해 낸 심오하고 흥미로운 경기인 바둑에서 경영을 배우는 사람들이 있다. 이중에는 이름만 대면 금방 알 수 있는 유명한 CEO들도 있다. 이들은 한결같이 경영현장에서 바둑으로부터 터득한 노하우가 도움이 되었다고 말한다.

이 책은 경영 분야의 이런 요구(needs)에 의해 나오게 됐다. 그동안 필자는 삼성사장단회의, LG그룹 등 다수의 기업에서 '바둑과 경영'에 관한 강의를 하고 한국경제아카데미, 이코노미스트지 등에 바둑경영 칼럼을 연재해 왔다. 그 내용들을 모아 이번에 한 권의 책으로 출간하게 됐다.

바둑과 경영을 접목할 수 있는 내용을 정리하면서 그 양이 상당히 많다는 데 스스로도 놀랐다. 경영철학, 조직관리, 의사결정, 마케팅 전략, 용인술 등 100가지가 넘었다. 그중에서 활용도가 높은 40여 가지를 뽑아 포석, 정석, 수읽기 등 바둑의 개념에 따라 분류하고 《고수 경영》이라고 이름 지었다. 경영의 고수가 되려면 알아두어야 할 내용이란 뜻이다.

이 책이 경영학을 전공한 학자나 경영학도의 입장에서 보면 '바둑이 뭐기에 감히 경영학의 영역을 침범할까?' 하는 의문이 들 수도 있을 것이다. 하지만 경영의 원리나 지혜를 경영학 책에서만 배우라는 법은 없다. 세상의 그 어떤 분야든 경영의 이치가 들어 있지 않은 것이 없기 때문이다. 더구나 바둑은 '인생의 축소판'으로 통하며 세상사를 비유하는 메타포로 사용되어 온 문화적 산물이다.

무엇보다도 바둑은 경영과 닮은 구석이 많다. 바둑은 영토(집)를 차지하기 위한 경쟁이며, 경영은 시장(고객)을 확보하기 위한 경쟁이다. 이 경쟁에서 이기려면 경영에서는 인적 · 물적 자원을, 바둑에서는 바둑돌을 잘 활용하여 판세를 잘 운영해야 한다. 크고 작은 문제에 대한 의사결정을 끊임없이 내려야 하는 것도 바둑과 경영의 닮은 점이다. 전략적 사고를 하여 자원을 효율적으로 활용해야 하는 것은 바둑판에서도 중요한 경영의 원리가 된다.

이처럼 바둑과 경영, 또는 세상사가 닮았기 때문인지 우리나라 사람들은 바둑으로 비유하기를 좋아한다. 언젠가 기획재정부 장관이 다음 해의 경제운용 전략을 바둑에 비유하면서 "일단 두 집을 낸 후에 후일을 도모하겠다"고 말한 적이 있다. 두 집을 낸다는 것은 바둑에서

완생, 즉 완전한 삶을 확보하는 것이다. 일단 안정부터 시켜놓고 그 후 발전을 도모하겠다는 뜻이다.

한 경제신문의 칼럼에서는 아예 통으로 바둑을 끌어다가 경제를 얘기하기도 했다.

"바둑으로 치면 확실한 불계승을 노리다 … 계가바둑으로 결정한 것과 같다. 대마역사(大馬亦死)가 정석이다. … 대마불사란 바둑의 정석을 믿었기 때문이다."

얼핏 보면 바둑칼럼이 아닌가 의심이 들 정도의 내용이다. 이처럼 세상사를 바둑으로 비유한 예를 인터넷에서 찾아보니 정치, 공부, 주식투자, 신앙, FTA, 대선구도, 글 쓰는 습관, 축구경기, 부부싸움, 직접청구권, 병법, 취업, 직장생활, 커피 등 다양한 분야에서 쓰이고 있었다.

그런가 하면 매스컴에서는 아예 바둑용어를 끌어다가 시사용어로 쓰고 있었다.

– 중(中), 금리인하 내수 활성화 포석
– 교육의 정석, 우리 아이 명문대 보내려면
– 자충수 둔 금융위, 앞뒤 안 맞는 해명
– 대마불사? 일본에선 이제 안 통해

이 밖에도 수순, 복기, 패착, 초읽기, 무리수, 끝내기, 묘수, 악수, 꽃놀이패 등 매스컴에서 즐겨 사용하는 바둑용어가 30개쯤 된다. 이정도면 바둑이 세상사의 축소판이라는 것을 입증하고도 남지 않은가.

《고수경영》은 바로 이와 같이 세상사를 풍자하는 바둑에서 경영의 원리와 이치를 뽑아낸 것이다. 그 내용을 보면 경영학과 비슷한 점도 있고, 경영학에는 없는 것도 있다. 그런 내용을 흥미진진한 게임인 바둑을 통해서 배우면 친숙하면서도 이해하기 쉬울 것이다. 이 책을 통해 기업가, 자영업자 등 비즈니스를 하는 사람들과 삶을 경영해 나가는 모든 사람들이 경영의 지혜와 노하우를 체득했으면 한다.

끝으로 이 책을 기획하고 열정을 쏟아 제작한 더메이커의 이병일 대표님, 원고의 내용을 다듬어가며 경영의 향취를 넣어준 이형철 작가님에게 심심한 감사를 드린다.

2015년 12월
정수현

차례

프롤로그 바둑에서 경영을 찾다   _ 4

PART 01 마인드 : 어떤 마음을 품을 것인가

누구에게나 자신만의 바둑이 있다   _ 15

꼼수로 이기려 하지 마라   _ 24

싸우면서도 상생을 모색하라   _ 32

PART 02 포석 : 나는 어떤 경영을 하려 하는가

꿈이 있는 포석을 구상하라   _ 39

바둑은 한마디로 조화다. 부분과 전체를 조화시켜라   _ 45

포석에도 유행이 있다   _ 50

누울 자리를 보고 다리를 뻗어라   _ 59

PART 03 행마 : 지금, 어떻게 움직일 것인가

중복을 피하여 능률을 추구하라 _ 67

바둑돌에도 체면이 있다 _ 73

빠르다고 이기는 것은 아니다 _ 79

상대의 돌에 끌려 다니지 마라 _ 84

PART 04 정석 : 정석을 알면 세상이 쉽다

정석을 모르고 덤벼들지 마라 _ 93

감당할 수 있는 정석을 써라 _ 99

최신 정보를 수집하고 분석하라 _ 105

정석에 얽매이지 마라 _ 110

PART 05 사활 : 바둑에서 배우는 생존의 법칙

위기는 소리 없이 찾아온다 _ 115

대마를 무겁게 만들지 마라 _ 121

양곤마는 쌍코피 터지는 격 _ 126

하수는 돌을 아끼고 고수는 돌을 버린다 _ 130

희망 없는 돌에 미련을 갖지 마라 _ 134

PART 06 전략 : 바둑에서 배우는 경쟁의 전략

전략 없이는 이길 수 없다 _ 143

신발끈을 매지 않고 산에 오르지 마라 _ 149

자신의 강점으로 승부하라 _ 155

싸움은 세력이 강할 때 하라 _ 163

PART 07 중반전 : 어떻게 싸울 것인가

적의 급소를 공략하라 _ 173

시장의 반응을 타진하라 _ 177

뒷문 열린 집을 에워싸지 마라 _ 182

공격하기 전에 자신부터 살펴라 _ 185

PART 08 수읽기 : 미래예측으로
성공 가능성을 높여라

고객의 마음을 읽어라 _ 193

미래예측은 경영자의 필수기술 _ 201

합리적으로 수를 읽어라 _ 207

착각은 패망에 이르는 병 _ 215

PART 09 끝내기 : 마무리를 잘 해야 승자가 된다

고수는 밥 먹듯이 형세판단을 한다 _ 223

옵션에는 순서가 있다 _ 232

빈틈을 모니터링하라 _ 238

불경기에는 작은 승부수를 날려라 _ 243

PART 10 복기 : 경영에도 복기가 필요하다

활동한 후 반드시 기록을 남겨라 _ 249

복기를 해야 발전할 수 있다 _ 257

비판적 의견에 귀를 기울여라 _ 263

에필로그 _ 268

마인드
어떤 마음을 품을 것인가

바둑은 기예(技藝)를 겨루는 기술력의 싸움이다. 그러나 고수들은 기술 이전에 바둑을 대하는 마인드와 자세를 강조한다. 한 판을 경영하는 데 있어 올바른 마인드와 시각이 갖춰져 있지 않으면 실수와 패착이 나올 가능성이 많다고 보기 때문이다.

실제로 뛰어난 바둑고수들도 자만심이나 방심, 착각 등으로 어이없는 패배를 당하기도 한다. 마음이 어지러울 때는 초보자도 하지 않을 실수를 범하기도 한다. 기업경영이나 국가경영에서도 리더의 마인드 때문에 망한 경우가 상당히 많다. 고수의 경영을 하려면 무엇보다도 먼저 마음가짐부터 똑바로 가져야 한다.

누구에게나 자신만의
바둑이 있다

"부자가 된 사람은 반드시 기이한 방법을 사용한다."

사마천의 부자경제학 《화식열전》에 나오는 말이다. 2,100년 전 인물인 사마천은 아담 스미스의 수요 공급의 법칙과 비슷한 이론 등 오늘날에도 참고가 될 만한 경제법칙을 제시했다.

최근 《사마천 한국견문록》을 낸 이석연 변호사는 사마천이 말한 '기이한 방법'을 남들과 다르게 행동하는 '특별함'이라고 해석한다. 열심히 일하는데 '나는 왜 성공하지 못하는가?'라고 생각하는 사람들은 남들이 가는 길만을 쫓아다닌 것은 아닌지 자신을 돌아볼 필요가 있다는 것이다.

사마천의 말처럼 성공한 사람들은 대부분 모험과 도전정신으로 자신만의 길을 추구한다. 바둑에서도 남이 두는 대로 흉내만 내서는 결코 좋은 바둑을 둘 수 없다.

자신만의 바둑을 두어라

2014년에 바둑용어인 '미생(未生)'을 제목으로 삼은 윤태호 작가의 웹툰이 선풍적인 인기를 끌었다. 직장생활을 바둑이라는 메타포로 실감나게 그린 이 만화는 많은 직장인들의 공감을 불러일으켰다. 그중에서도 주인공 장그래의 다음과 같은 독백은 많은 사람들의 공감을 이끌어냈다.

"누구에게나 자신만의 바둑이 있다."

이 말은 계약직 신입사원 장그래가 자신의 처지를 위로하기 위해 한 말인데, 묘한 감동을 준다. 누구에게나 자신만의 인생이 있다는 것. 뭐 특별히 새로울 것은 없는 말이다. 그럼에도 이 말이 사람들의 가슴에 울림을 준 것은 그동안 많은 사람들이 자신을 잃어버리고 살아왔기 때문일 것이다.

이 말은 바닷가의 모래알처럼 미미한 존재로 살아가는 사람들에게 자신의 모습으로 살아갈 수 있는 용기를 준다. 누구에게나 자신만

　　　　　　　　　　　　　　　　　　　　　정수현 9단의 고수경영

의 바둑이 있으니 굳이 다른 사람을 따라하지 않아도 된다는 생각은 특별할 것도 없는 삶을 꾸려가는 사람들에게 적지 않은 힘을 주는 말이다.

흔히 바둑에서 명인고수들이 두는 판은 '명국(名局)'이나 '명승부'라 부르고, '걸작보'라고도 한다. 그러나 하수들이 두는 바둑은 '졸국(拙局)'이라고 한다. 졸렬한 바둑이란 뜻이다. 하지만 졸국이라고 해도 어쨌든 한 판의 바둑이다. 고수들의 바둑이 멋있는 것은 사실이지만, 그렇다고 하수의 바둑이 무의미한 것은 아니다.

하수지만 당당한 모습

예전에 미국에서 열린 전미바둑대회(American Go Congress)에서 목격한 일이다. 이 대회는 미주 지역 바둑팬들이 모여 일주일 동안 다양한 행사를 벌이는 지역 최대의 바둑축제다. 이 대회에서 휠체어를 탄 할머니와 젊은 남성이 대국이 있었다.

그런데 그들은 다른 사람들과는 달리 대회장 밖의 건물과 건물 사이에서 시합을 하고 있었다. 애연가인 할머니가 대회장 밖에서 대국할 것을 요청한 것이다. 이 할머니와 청년은 5~6급 정도의 바둑실력을 지니고 있었다. 그리 세지 않은 중급 수준인데, 두 사람은 제한시간을 다 써 가며 열심히 바둑을 두고 있었다.

　필자는 그 모습을 보며 특별한 인상을 받았다. 어떤 이는 '하수들이 뭘 그리 생각하나? 오래 생각한다고 수가 나오나?' 하고 시큰둥하게 생각했을지도 모르겠다. 그러나 그들은 당당해 보였다. 높은 수준의 바둑은 아니었지만 마치 프로처럼 최선을 다해 바둑을 두고 있었다. 또 상대가 할머니라고 해서 청년이 적당히 봐 주며 두는 것 같지도 않았다. 우리 같으면 몸이 불편한 할머니와 싸우는 것에 부담을 느껴 적당히 두었을지도 모른다.

　그러나 할머니와 청년은 자신만의 바둑을 두며 끝까지 최선을 다하는 모습을 보여주었다. 그들의 모습은 아름다웠다. 그야말로 누구에게나 자신만의 바둑이 있다는 말이 실감나는 광경이었다.

　　　　　　　　　　　　　　　　　　　　　정수현 9단의 고수경영

기풍은 일종의 브랜드다

바둑계의 정상에 선 고수들을 보면 특별한 데가 있다. 우선 기술력이 보통 기사들보다 뛰어나다. 그런데 이들의 기술력에는 나름대로의 독창성이 담겨 있다. 이와 같은 기사들의 독특한 바둑스타일을 '기풍(棋風)'이라고 한다.

기풍은 바둑을 두는 개인의 성향이라고 할 수 있다. 화가의 화풍이나 작가의 문체와 같다. 기풍은 프로기사들의 별명을 통해 가장 잘 드러난다. 바둑팬들은 제비 조훈현, 일지매 유창혁, 신산 이창호와 같은 별명이 귀에 익숙할 것이다. 일본 기사들도 대마킬러 가토, 컴퓨터 이시다, 우주류 다케미야 등과 같은 다양한 별명을 지니고 있다. 이러한 별명은 그 기사의 강점을 나타내 준다.

제비 조훈현 9단은 빠르고 경쾌한 바둑수를 구사한다. 우주류 다케미야 9단은 광대한 우주에서 스타쇼를 벌이는 것 같은 호쾌한 바둑을 선보인다. 쎈돌 이세돌 9단은 남들이 생각지 못하는 강렬한 수를 찾아 화려한 전투바둑을 보여준다.

이러한 기풍은 그 기사의 특별한 이미지를 만들어준다. 기업으로 치면 브랜드 이미지와 같은 것이다. 바둑팬들은 신산(神算)이라는 별명을 들으면 자연스레 신과 같이 뛰어난 계산능력을 가진 이창호 기사를 떠올린다.

이와 같은 녹록한 브랜드를 갖는 것이 그 기사에게는 나쁘지 않다.

왜냐하면 고객인 팬들이 그 브랜드 이미지를 통하여 기사의 존재를 선명하게 인지하기 때문이다.

기풍과 관련하여 재미있는 일화가 있다. '우주류'로 불리는 다케미야 마사키 9단은 나중에 자신의 기풍을 '자연류(自然流)'로 불러달라고 주문했다. 억지를 부리지 않고 자연스럽게 두어가는 스타일을 추구하고 싶었던 것이다. 그러나 팬들은 다케미야를 '자연류'로 부르지 않고 계속 '우주류'로 불렀다. 바둑팬들은 다케미야 9단에게는 역시 '우주류'라는 닉네임이 더 자연스럽다고 본 모양이다.

이렇게 보면 기사의 별명은 자신이 마음대로 지을 수 있는 것이 아니라 주변 사람들, 즉 고객이나 평론가들이 인정해 주는 독특한 상표임을 알 수 있다. 아무리 자신이 고상한 닉네임을 지어도 고객들이 인정해 주지 않으면 소용이 없는 법이다.

나만의 바둑을 두는 이유

바둑에서 이처럼 남들과는 다른 독창적인 스타일이 만들어지는 것은 무엇 때문일까? 사람은 저마다 개성이 있는데, 그것이 바둑에 배어 나오기 때문이다. 한 판의 바둑에는 그 사람의 바둑에 관한 철학, 기술능력, 성격적 특성, 사회문화적 경향 등이 스며들어 있다.

누구나 자신만의 바둑을 두는 것은 세상을 재미있게 만드는 일이기도 하다. 누구나 똑같은 식으로 둔다면 바둑이 이처럼 오랫동안 많은 사람들에게 사랑을 받지는 못했을 것이다. 지금까지 알려진 기보(棋譜) 가운데 똑 같은 기보는 하나도 없다는 것이 이를 증명한다.

기사의 기풍을 평가할 때 "책대로 둔다"고 평하는 경우가 있다. 너무 교과서적으로 두어서 특징도 없고 색다른 묘미도 없다는 것이다. 직설적으로 말하면 기계적인 바둑이라는 의미다.

최근에 《고수의 생각법》을 펴낸 바둑황제 조훈현 9단은 "요즘 젊은 기사들이 창의성을 발휘하지 않고 색깔이 없는 바둑을 두는 경향이 있다"고 지적한다. 안전한 길로만 가려고 하니 팬들의 가슴을 울리는 새로운 스타일이 나오지 않는다는 말이다. 물론 남들이 두는 것과 비슷하게 둔다고 해서 안 될 것은 없다. 그러나 이런 바둑은 사람들의 마음을 움직이기 어렵다.

근래 경영 분야에서 화두가 되고 있는 '플랫폼 전략(Platform Strategy)'을 생각해 보자. 이는 다양한 경제 주체들이 참여할 수 있도록 판(플랫폼)을 깔아주고 그들이 벌이는 활동을 통해 수익을 창출하는 전략이다. 우리가 잘 아는 애플과 구글이 대표적인 플랫폼 기업이다.

플랫폼 기업으로 성공하기 위해서는 여러 가지 면을 고려해야겠지만 특히 중요한 것이 '킬러콘텐츠(killer content)'다. 아무리 훌륭한 판을 깔아주어도 방문자들의 흥미를 끌 수 있는 킬러콘텐츠가 없다면 방문자들이 금방 떠나버리기 때문이다.

프로기사의 기풍은 일종의 킬러콘텐츠라 할 수 있다. 바둑에 처음 입문하는 사람들은 바둑이라는 플랫폼을 보고 온 것이지만, 그들이 계속 바둑에 관심을 가지는 것은 저마다의 개성을 뽐내는 전문기사들 때문이다.

그러므로 프로기사가 자신만의 기풍을 창조하고 개발해나가는 것은 결국 바둑에 생명을 불어넣는 것이라고 할 수 있다.

자신만의 색깔을 가져야 한다

시장을 놓고 치열한 경쟁을 하는 기업도 자신만의 바둑이 필요한 것은 마찬가지다. 특히 요즘처럼 빠르게 변모하는 세상에서 변화를 반영하는 자신만의 상품을 창출하지 않고는 기업 유지 자체가 불가능하다. 시대의 변화에 따라 고객들의 취향도 바뀌고 각 분야의 기술력도 획기적으로 변하기 때문이다. 변화의 시대에 기존의 제품만 고수한다면 시장에서 퇴출되는 것은 불을 보듯 빠르다.

그럼에도 새롭게 사업을 시작하는 사람들 대부분은 기존의 업체와 유사한 모델로 운영을 한다. 이미 검증된 것이니 안전하다고 믿기 때문인 것 같다. 그러나 이런 유사경영은 자신은 물론 기존의 업체까지도 공멸시키는 원인이 될 수 있다.

널리 알려져 있다시피 우리나라는 자영업자의 비율이 경제활동인구의 30% 이상을 차지하고 있을 만큼 매우 높다. 일반적으로 자영업자의 비율이 15% 이하가 되어야 적당하다고 하는데 우리는 그 두 배나 된다. 그래서인지 5인 미만 소상공인들은 창업한 지 몇 년 내에

70%가 문을 닫는다고 한다.

이들의 실패 원인은 구조적인 이유도 있겠지만 남들이 하는 그대로 따라 하는 유사경영 방식과도 관련이 있다고 본다. 자기만의 색깔을 내지 않고 다른 사람과 똑같이 하니 과당경쟁이 되어 고객을 나눠 가질 수밖에 없는 상황이 되는 것이다.

이런 점에서 기업은 자기만의 특성을 살린 창조적 경영이 필요하다. 다른 경쟁업체와는 색다른 무엇인가를 내세워야 하는 것이다.

애플의 아이팟이 전 세계 mp3플레이어 시장을 석권할 수 있었던 것은 음원과 동영상 파일을 편리하게 관리할 수 있도록 해 주는 프로그램인 아이튠즈를 무료로 제공했기 때문이다. 만약 아이튠즈가 없었다면 아이팟은 단지 여러 mp3플레이어 브랜드 중 하나에 머물렀을 것이다.

결국 경쟁에서 이기기 위해서는 자신만의 색깔을 가져야 한다.

꼼수로
이기려 하지 마라

최근에 세계 굴지의 자동차 회사인 폭스바겐이 디젤차량 배출가스 조작 파문으로 주가가 급락했다. 게다가 가솔린차량의 연비 뻥튀기 의혹까지 받고 있다. 리콜 하는 데 드는 비용이 천문학적 액수라서 회사의 존립마저 위협받고 있는 상황이다.

아무리 경쟁이 치열한 비즈니스 세계라고 하더라도 상도(商道)라는 것이 있다. 그런데 이를 무시하고 폭스바겐처럼 꼼수로 돈을 벌려는 사람들이 많다. 기업들이 꼼수의 유혹을 떨쳐버리지 못하는 것은 당장 이익이 눈앞에 보이기 때문이다. 그러나 꼼수는 독버섯처럼 사회를 해치고 결국 자신을 쓰러뜨리는 부메랑임을 알아야 한다.

고수는 꼼수를 두지 않는다

바둑에서도 꼼수나 속임수를 좋아하는 사람이 있다. 정상적인 수, 즉 정수(正手)로 반상을 운영하려 하지 않고 상대를 속여먹는 '꾐수'나 '꼼수'로 이득을 보려고 한다. 꾐수는 상대를 속여서 이익을 보려는 수이고, 꼼수는 수가 되지 않는 곳을 상대방의 실수를 기대하며 두는 쩨쩨한 수를 가리킨다. 둘 다 상대를 속이려 한다는 점에서 같다.

사람들이 속임수에 대한 유혹을 크게 느끼는 것은 성공하면 정상적인 수보다 이익이 크기 때문이다. 게다가 전쟁이나 게임에서 상대를 속이는 것은 죄가 되지 않는다. 역사상 최고의 전략서인 《손자병법》에서도 "병법이란 본질적으로 속이는 것"이라고 하지 않았던가.

그러나 바둑고수들은 치졸한 속임수를 쓰지 않는다. 정수를 두어 승리해야지, 속임수나 꼼수로 이기는 것은 옳은 길이 아니라고 생각한다. 중국의 바둑고전 《기경(棋經)13편》에서는 이렇게 말한다.

> "바둑에는 기만과 모략이 없는 고로, 반드시 정당하게 세(勢)에 응해야 한다.(棋無詭謀, 故合勢必以正)"

고수들은 대부분 이런 철학을 가지고 있다. 실제로 프로기사들은 정당한 방법으로 이기려고 한다. 일본 바둑계의 거장 기타니 미노루 9단은 "정수를 누고 기다려라"라는 어복을 남기기도 했다.

바둑고수들이 이와 같은 '정도(正道)경영'의 철학을 갖는 것은 어떤 특별한 교육을 받아서가 아니다. 바둑책 어디에도 상대에게 속임수를 쓰지 말라는 내용은 없다. 그러나 고수들은 그렇게 해서는 안 된다는 것을 스스로 깨닫는다. 속임수를 썼을 때, 상대가 정확히 응징하면 나쁜 수가 되어 자신을 해롭게 하기 때문이다.

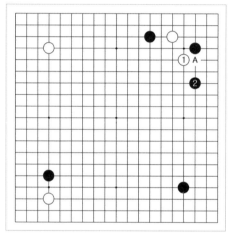

|1도|

[1도]와 같은 모양에서 백1에 두면 흑A로 받아주는 것이 상식이다. 그런데 그렇게 두지 않고 흑2로 두는 사람이 있다. 이것은 상대를 유혹하는 수다. 백A로 차단해서 흑 한 점을 잡아가라고 꾀는 수다. 이런 모양이라면 누구나 본능적으로 백A에 두고 싶어진다.

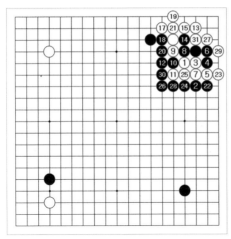

|2도|

　[2도]처럼 백3에 두어 귀 쪽의 흑돌을 잡으려고 하면 꼼수에 걸려든다. 그러면 흑30까지의 수순으로 흑은 철옹성 같은 세력을 얻게 된다. 바둑을 잘 몰라도 바깥쪽 흑돌이 철벽처럼 튼튼하다는 것을 알 수 있을 것이다. 이것은 흑이 속임수로 큰 이익을 본 결과다. 백이 흑돌 일곱 점을 잡고 열여덟 집의 수익을 얻었지만, 흑의 바깥 철벽은 만리장성처럼 어마어마하다. 한 마디로 대박이다. 이런 결과를 얻을 수 있다면 누구나 유혹을 느낄 만하다.

　그러나 고수들은 이런 속임수를 쓰지 않는다. 몰라서가 아니다. 프로기사라면 위에 나온 속임수는 누구나 알고 있다. 프로가 되기 위해 바둑수업을 할 때 기본으로 속임수를 공부한다. '속임수' 관련 책도 몇 권 있다. 거기에는 여기서 소개한 속임수 외에도 다양한 속임수들이 많이 소개되어 있다. 바둑전문가들은 그런 수들을 공부하여 훤하게 알고 있다. 하지만 그들은 속임수를 쓰려고 하지 않는다.

그 이유는 올바른 응징을 당하면 속임수는 별 볼 일 없는 결과를 가져오기 때문이다. 오히려 자신에게 불리한 결과를 얻을 가능성이 많다.

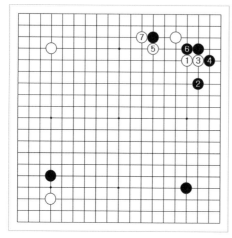

|3도 |

[3도]의 흑2와 흑4의 속임수에는 백5로 살짝 비키는 수가 올바른 대응법이다. 그러면 백7로 위쪽 흑 한 점이 백에게 잡히는 신세가 된다. 속임수를 쓰려던 흑이 불리한 결과를 얻은 꼴이다.

그래서 고수들은 위의 속임수를 알고 있어도 실전에서 잘 쓰지 않는다. 프로의 공식시합에서 성공한 속임수를 한 번도 본 적이 없다. 고수는 꼼수를 쓰는 것은 품격이 떨어지고, 또 상대가 올바로 응수하면 이쪽이 손해를 보게 되기 때문에 꼼수에 대한 미련을 갖지 않는다.

그렇다면 고수들은 뭣 하러 속임수를 힘들게 공부할까? 그 이유는 상대방이 속임수를 써 올 경우 올바로 응징하기 위함이다. 이런 점에서 보면 세상 사람들에게도 바둑처럼 속임수 대응법을 가르쳐야겠다는 생각이 든다.

＼ 정수경영이 답이다

기업경영에서도 속임수가 아닌 정수경영이 필요하다는 것은 두 말할 필요가 없다. 그러나 머리로는 알고 있어도 가슴으로 느끼는 경영자는 별로 많지 않은 것 같다. 정수경영이 기업의 이윤을 극대화하고 생존과 발전의 비결이라고 믿는 사람은 더더욱 많지 않다.

기업이 이윤을 추구하는 것은 당연한 것이다. 하지만 고객을 현혹해서 이윤을 얻는 것은 결코 정수가 아니다. 기업은 고객이 필요로 하는 상품과 서비스를 제공하고 그 대가를 받는다. 그래서 고객이 외면하면 기업은 문을 닫아야 한다. 한두 번의 꼼수는 통할지 몰라도 오래가는 꼼수는 없다. 한 번 외면한 고객은 다시 돌아오지 않는다는 것을 명심해야 한다.

이런 점에서 현대의 마케팅 이론가들은 무엇보다도 먼저 고객지향적 사고를 강조한다. 예를 들어 박천수 교수는 《마케팅원리》의 첫머리에서 "이익이란 것은 구하지 않아야 이롭게 되는 것이다. 이익을 구하면 얻지도 못하고 오히려 해를 보게 된다"는 맹자의 어록을 소개하고 있다. 이 어록은 바둑 경전인 《기경13편》에도 나온다.

'이익을 구하지 않아야 이롭게 된다'는 것은 다른 말로 하면 '억지로 이익을 얻으려 하지 말라'는 것과 같다. 고객에게 최선을 다하면 이익은 저절로 따라온다는 것이다.

이익을 구하지 말라고 하니 영리를 추구하는 기업의 입장에서 보면 엉뚱한 소리로 들릴 수도 있다. 그러나 맹자의 말처럼 억지로 이익을 얻으려고 하면 해가 되는 것이 마케팅의 기본원리다.

프로기사 중에는 종종 "팬이 있어야 프로도 있다"고 말하는 사람이 있다. 바둑을 좋아하는 팬, 즉 고객이 있어야 프로가 직업 활동을 할 수 있으니 고객관리를 잘 해야 한다는 뜻이다. 비즈니스 활동이 기본적으로 팬을 위한 것이어야 한다는 고객 중심적 철학을 반영하는 말이다.

극히 당연한 말을 강조하는 것은 팬이 자신의 존재 이유임을 잊는 사람이 많기 때문이다. 비즈니스를 하는 사람 중에 고객이 있기 때문에 자신이 존재하고 있다고 생각하는 사람이 몇이나 될까. 비즈니스맨들은 "고객은 왕"이란 슬로건을 내걸기는 하지만, 사실은 자신의 이익만을 생각하는 경우가 많다.

팬을 위해 친구를 꺾다

예전에 일본의 메이저 타이틀전에서 전승을 달리던 기사를 전패를 하던 기사가 깨뜨린 적이 있다. 보통 리그전 시합에서 패점을 많이 기록하면 탈락이 결정되어 나머지 판을 이겨도 의미 없는 경우가 많다. 예를 들어 5패인 사람이 나머지 4판을 모두 이긴다 해도 실질적인 도움이 되지 않는다. 이런 입장에서 친구가 전승을 달리고 있다면 그 사람을 꺾어 앞길을 막을 이유가 없을 것이다. 그러나 전패를 기록하고 있던 이 기사는 열심히 바둑을 두어 친구인 전승자에게 치명적인 1패를 안기고 말았다.

왜 그랬을까? 승리한 기사는 인터뷰에서 자신에게 관계도 없는 판을 이겨 친구에게 상처를 준 것이 가슴 아프다고 했다.

그러나 그 기사는 "친구보다는 팬을 위해 열심히 둘 수밖에 없었다"고 심경을 토로했다. 상대가 친구라고 적당히 두면 팬들이 재미를 느낄 수 있겠느냐는 것이다. 이 이야기가 언론에 소개되자 이 프로기사는 성적이 하위권이었음에도 팬들의 많은 관심을 받았다. 고객을 아끼는 이 기사의 마음에 팬들이 감동한 것이다.

이 일화의 주인공처럼 기업도 고객을 팬으로 간주하면 어떨까. 팬에게 잘 보이고 팬을 기쁘게 하기 위해 친구를 꺾은 프로기사처럼 고객을 끔찍이 여긴다면 그 기업은 분명 고객들의 사랑을 받을 것이다. 이것이 바로 정수경영이다.

싸우면서도
상생을 모색하라

대기업이 골목상권에 진출하면서 소규모 상인들이 어려움을 겪는 경우가 발생하고 있다. 자유경쟁이 경제의 근간인 사회에서 일어날 수 있는 일이라고 볼 수도 있지만, 뭔가 좀 생각해 볼 여지가 있다. 경쟁에서 이기더라도 공멸할 가능성이 있기 때문이다.

골목상권에 대기업이 진입하게 되면 소상인들은 경쟁에 밀려 어쩔 수 없이 물러나게 될 것이다. 이로 인해 대기업은 수익을 올릴 수 있을지 몰라도 삶의 터전을 잃은 이들은 빈곤층으로 전락할 가능성이 높다. 그렇게 되면 기업이 만들어낸 상품을 사 줄 소비자가 사라져 경제가 어려워질 수밖에 없다. 따라서 경쟁 상대를 벼랑 끝으로 몰기보다는 살 길을 열어주는 것이 곧 자신을 살리는 길이다.

경쟁의 끝은 거래다

　바둑은 기업과 마찬가지로 영토를 놓고 경쟁하는 게임이다. 이권을 놓고 상대방과 치열하게 경쟁을 벌이며 때로는 생사가 걸린 싸움까지 불사한다.

　바둑에서는 상대방을 이롭게 하는 것을 이적행위로 여긴다. 그래서 한 집이라도 이득을 보려고 오기로 버티다가 대판 싸움이 벌어지고 결국에는 대마(大馬)가 쓰러지는 일이 발생하기도 한다.

　이처럼 살벌한 싸움을 벌이는 바둑이지만, 바둑고수들은 상대를 쓰러뜨리려는 생각만 하지는 않는다. 목숨이 걸린 심각한 싸움을 벌였다가도 종국에는 상생과 타협으로 문제해결을 하는 경우가 많다.

　이것을 일컬어 바둑 해설가들은 흔히 '태산명동서일필(泰山鳴動鼠一匹)'이라는 표현을 쓴다. '태산이 흔들리는 대판 싸움이 벌어졌으나 나중에 보니 쥐새끼 한 마리 지나간 정도의 미미한 움직임이었다'는 뜻이다.

　극한 경쟁의 게임인 바둑에서 상생과 타협으로 싸움을 마무리한다는 것이 특이한데, 이는 끝까지 적을 쓰러뜨리겠다고 몰아붙일 경우 이쪽도 리스크를 각오해야 하기 때문이다. 막다른 골목에 몰린 쥐가 고양이에게 덤벼드는 것처럼 궁지에 몰리면 이판사판으로 나오게 되어 흙탕물 싸움으로 빠져들게 된다. 이런 싸움이 되면 돌발사태가 발생하여 공격하던 쪽이 쓰러지는 사태가 나올 가능성도 있다.

그래서 고수들은 혼자서 이익을 독차지하려고 하지 않고 적에게도 적당히 이익을 나눠주고 타협하는 방식을 택한다. 때로는 자기 돌을 몇 점 떼어주는 희생을 감수하기도 한다.

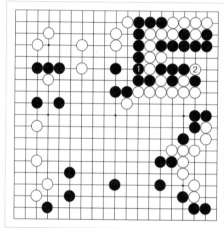

|1도|

[1도]는 아마추어 강자들의 바둑에서 나온 장면이다. 위쪽의 백대마와 흑대마가 서로 사느냐 죽느냐 하는 살벌한 상황이다. 둘 중 하나가 쓰러지면 판이 끝날 것 같은 분위기다.

이 싸움은 [2도]에서처럼 흑1에 두어 백대마 12점을 잡는 것으로 귀결되었다. 흑의 큰 이득이다. 그렇다면 흑의 KO승일까? 아니다. 백도 잡힌 대가로 백2에 두어 흑 한 점을 빵 따내고 백4로 오른쪽 흑 4점을 잡는 이익을 얻었다. 결국 바꿔치기로 이익을 나누는 결말이 된 것이다.

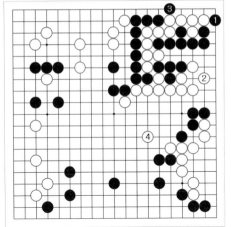

| 2도 |

바둑판의 거래에서는 이와 같이 이익을 적당히 나누는 타협책이 흔하게 사용되고 있다. 싸움을 한다고 해서 어느 한 쪽이 일방적으로 이익을 독차지하는 것은 아니다. 적당한 선에서 거래를 하며 싸움을 매듭짓는 식으로 한다.

싸우지 않고 이기는 법

바둑의 이런 사고방식을 적용하여 비즈니스에서 성공을 거둔 기업인이 있다. 태국 상위그룹 CP사의 CEO이자 24시간 편의점 세븐 일레븐의 태국 총수인 코작 차이라스미작 회장은 자신들이 마케팅을 하고 있는 지역에 라이벌 회사가 밀고 들어와 경쟁을 해야 하는 상황에 직면했다.

코작 회장은 라이벌과 경쟁하여 쓰러뜨리는 전략을 구상했다. 승리할 자신이 있었기 때문이었다. 그러나 그의 머릿속에 불현 듯 '상생(相生)'이라는 단어가 떠올랐다. 라이벌 회사를 쓰러뜨리려면 자기 회사도 피를 흘리지 않을 수 없는데, 그 회사와 공존하는 구도를 만들면 상생이 가능하겠다는 생각이 든 것이다. 그래서 코작 회장은 라이벌 회사가 경쟁지역의 마케팅에 힘을 쏟는 동안 다른 지역을 개척하는 전략을 폈고, 무난히 매출 목표를 달성했다. 코작 회장은 "경쟁자를 살려주며 목표를 달성하는 것이 상수의 경영이 아니겠느냐"며, 이런 아이디어는 바둑에서 배웠다고 했다. 적의 왕을 죽이는 것이 목표인 장기나 체스와는 달리 바둑에서는 적과 공생하는 '빅[1]'이 있고, 바꿔치기로 이익을 나누는 트레이드도 있다는 점에 주목한 것이다.

이처럼 비즈니스란 자사의 이익만 생각하며 하는 것이 아니며, 고객은 물론 경쟁자와도 적당히 이익을 공유하는 것임을 이해할 필요가 있다.

---

1) 서로 상대방 돌을 잡을 수 없어 비겨 있는 상태.

● 정수현 9단의 고수경영

포석
나는 어떤 경영을
하려 하는가

포석은 바둑돌을 배치하여 집(영토)의 기초를 만드는 것이다. 개인의 입장에서 보면 인생의 틀을 짜는 작업이고, 기업의 입장에서 보면 사업의 방향성을 정하는 작업이다.

대국을 할 때 착수 대비 가장 많은 시간을 할애하는 것이 포석이다. 그만큼 기초를 닦는 작업은 중요하고 어렵다. 포석이 좋아야 다가올 중반전을 순탄하게 꾸려갈 수 있다. 비즈니스나 인생에서도 포석을 잘못하면 다가올 중반전에 고전을 면치 못할 것이다.

꿈이 있는
포석을 구상하라

꿈이 없는 조직은 미래가 없다. 세계적으로 성공한 CEO들은 기업경영에서 꿈, 즉 비전이 중요하다고 힘주어 말한다. 조직구성원들의 가슴을 울리는 비전이 공유되어야 기업이 성공을 거둘 수 있다는 것이다.

이 때문에 경영자들은 이곳저곳에서 비전의 중요성에 대해 귀가 아프게 듣는다. 세계의 유명 CEO들을 인터뷰하여 그들의 성공비결을 정리한 이지훈 기자의 《혼창통(魂創通)》에서는 성공의 가장 중요한 요소로 구성원의 혼을 이끌어 줄 비전을 꼽는다. 세계적인 기업들은 공룡처럼 거대한 조직을 가지고 있지만 표범처럼 민첩하다. 그것은 회사 전체가 심장을 뛰게 만드는 원대한 비전을 공유하기 때문이다.

저자는 이에 대한 두 외국 교수의 설명을 소개한다. "높은 성과를 내는 기업은 제한적인 자원이나 능력을 뛰어넘는 원대한 야망, 즉 전략적 의도를 가진 기업"이며, "모든 직원이 보다 큰 가치를 공유하게 되면 어떤 문제에 부딪혀도, 혹은 본사로부터 떨어진 곳에서 일하더라도 자발적으로 문제의 해결을 주도하게 된다"는 것이다.

그런데 머릿속으로는 비전의 중요성을 알면서도 실제로 조직원들과 비전을 공유하는 기업은 생각보다 많지 않은 것이 현실이다. 사실 대부분의 기업에는 창업자나 대표가 선언한 비전이 있다. 문제는 이것이 형식적인 문구에 그치는 경우가 많다는 것이다. "세계 일류 기업"과 같이 추상적이고 진부한 비전 선언문은 직원들의 가슴에 와 닿지 않는다. 그렇다면 가슴 뛰는 비전이란 어떤 것일까?

기도보국의 원대한 꿈

조남철 9단은 현대한국 바둑의 개척자로 불린다. 그는 바둑을 놀이로 여기던 시절, 바둑계를 개척하여 한국 바둑을 세계 최강으로 끌어올리고 바둑을 문화산업으로 승화시킨 인물이다.

조남철 9단은 쉽게 말해, 초창기 바둑계의 창업주였다. 그는 소년 시절 일본으로 바둑 유학을 떠나 전문적인 공부를 한 후 프로 자격을 얻어 해방 무렵 귀국했다. 당시 우리나라에는 바둑 인구가 많지 않았다. 바둑에 대한 인식 역시 화투와 비슷한 잡기로 여길 정도였다.

정수현 9단의 고수경영

이런 상태에서 한국은 50년 만에 300년 이상의 전문바둑 전통을 가진 일본을 누르고 세계 바둑 최강국이 되었다. 언론에서는 포석, 정석, 수순, 대마불사 등 30여 개의 바둑용어를 시사용어로 사용할 만큼 바둑은 국민과 친숙한 대중적인 두뇌 스포츠가 되었다.

바둑계의 이런 획기적인 발전은 장기계와 비교하면 더욱 뚜렷하게 드러난다. 장기도 우리 조상들이 즐기던 두뇌 스포츠로 바둑과 비슷하게 긴 역사와 다수의 팬을 보유하고 있다. 하지만 장기는 바둑과 같은 타이틀전이 거의 없고 프로선수의 이름도 대중들에게 알려져 있지 않다. 오늘날 바둑과 장기는 문화적으로나 산업적으로 하늘과 땅만큼 차이가 난다고 해도 결코 틀린 말이 아니다.

그렇다면 바둑계의 창업주 조남철은 어떻게 해서 바둑계를 비약적으로 발전시킬 수 있었을까? 그것은 그의 열정과 노력 그리고 마케팅 전략 덕분이었다.

해방 후 일본에서 돌아온 청년 조남철은 한성기원이라는 일종의 사업체를 차렸다. 그러면서 '기도보국(棋道報國)'의 꿈을 품었다. 바둑을 도(道)로 승화시키며 나라에 보은하는 것을 비전으로 내세운 것이다. 이것은 삼성의 창업주 이병철 회장이 내세운 '사업보국'의 경영이념과 비슷하다. 그가 만약 바둑을 생계유지의 수단으로만 삼았다면 기원 주인이라는 울타리에서 벗어날 수 없었을 것이다.

조남철 9단이 품은 '기도보국'의 꿈은 살아생전에 실현되었다. 그가 바둑보급의 기치를 건 지 약 50년 만에 한국 바둑은 현대바둑의 종주국인 일본을 딛고 일어서 최정상의 자리를 차지했다. 이후 한국 바둑은 세계에 바둑 강국으로 이름을 알리며 국가적 이미지를 높이는 데 큰 기여를 하고 있다.

꿈은 열정을 낳는다

조남철 9단은 자신의 꿈을 실현하기 위해 다양한 활동을 벌였다. 한국 바둑을 발전시키려면 전문가 그룹이 필요하다고 보아 프로기사 제도를 도입했다. 말하자면 맨발로 돼지오줌보 차던 시절에 오늘날의 프로축구나 프로야구 같은 '프로' 제도를 만든 셈이다. 국내 스포츠에서 프로 제도를 도입한 것은 바둑이 가장 먼저일 것이다.

프로기사들의 시합 장면. 왼쪽의 안경을 낀 사람이 조남철 9단.

'프로'라는 말이 생소하던 시절에 프로기사 제도를 도입한 것은 매우 획기적이고 혁신적인 일이었다. 당시 국수급 바둑고수들은 바둑으

정수현 9단의 고수경영

로 돈 버는 것을 수치로 여겼다. 이런 상황에서 직업 바둑인을 양성한다고 했으니 딴죽을 거는 사람이 오죽 많았을까. 그러나 기도보국이라는 꿈을 가진 조남철의 앞을 그 누구도 가로막지 못했다.

사실 어느 분야든 최고가 되려면 뛰어난 전문가들이 있어야 한다. 조남철은 한국이 일본보다 못 사는 것은 전문가들이 부족하기 때문이라고 보아 바둑 전문가를 양성할 결심을 했다. 오늘날 한국이 바둑 최강국이 된 것은 이창호, 이세돌 같은 월드 바둑스타를 양성할 수 있었던 바로 이 프로 제도 덕분이다.

그는 바둑을 대중화하기 위하여 바둑 지도를 하고 바둑책을 펴냈다. 또한 신문사와 방송사를 찾아다니며 바둑타이틀전 개최를 독려하고 프로기사들의 시합을 중계하도록 했다. 때로는 자신의 원고료를 떼어 기사들의 대전료로 주기도 했다.

이와 같은 조남철의 열정과 헌신 덕분에 바둑계는 발판을 단단히 다질 수 있었고, 바둑팬 역시 늘어나기 시작했다. 그는 이에 만족하지 않고 경제인, 정치인, 예술인 등 사회의 다양한 인사들을 바둑계로 끌어들여 이사회를 구성했다. 그리고 한국기원회관을 신축했다.

이처럼 조남철 9단의 비전은 바둑인들의 가슴에 이심전심으로 전달이 되어 한국 바둑이 세계정상으로 올라서는 밑거름이 되었다. 기업경영도 마찬가지다. 조직구성원의 가슴과 혼을 울릴 수 있는 비전을 제시하면 놀라운 성과를 거둘 수 있다. 회사의 비전이 곧 자신의 비전이라 생각하기 때문이다.

애플은 "Think different!(다르게 생각하라!)"라는 비전을 조직원들과 공유하며 세계적인 혁신기업으로 성장했다. 이케아는 "People & Planet Positive(사람과 지구에 친화적인)"라는 비전을 제시하며 환경문제와 사회문제에 관심을 쏟아 조직원들의 열성적인 참여를 이끌어냈다. 비전이란 이처럼 조직원들이 회사와 함께 꿈을 꿀 수 있도록 해 줄 수 있는 것이어야 한다.

바둑은 한마디로 조화다, 부분과 전체를 조화시켜라

사람들에게 "바둑이 무엇인가?"라는 질문을 던질 때가 있다. 바둑을 전혀 모르는 사람보다는, 바둑을 알고 많이 두어본 사람에게 묻는 것이다. 그러면 매우 다양한 대답이 나온다. '집차지', '땅차지' 게임이라고 직설적으로 말하는 사람도 있고, '예술', '마인드스포츠', '수읽기 싸움'이라고 답하는 사람도 있다. '인생의 축소판'이라고 답을 하는 경우도 많다. 미국바둑협회에서 발행하는 〈아메리칸 바둑저널〉에서는 대국을 할 때 대국자의 성격이 드러나기 때문에 바둑을 '성격의 거울'이라고 표현하기도 했다.

예로부터 내려오는 바둑의 별칭에는 '수담(手談)'이란 말도 있다. 손으로 나누는 대화라는 뜻이다. 이 외에도 신선놀음(바둑)에 지나가던 나무꾼이 그것을 구경하다가 도끼자루 썩는 줄도 몰랐다는 이야기에서 유래한 '난가(爛柯, 썩은 도끼자루)'와 같은 이름도 있다. 이처럼 바둑은 한 마디로 정의하기가 어렵다. 각자가 바둑을 바라보는 관점, 즉 철학이 다르기 때문이다.

바둑은 조화다

어느 날 '현대의 기성' 우칭위안(吳淸源) 9단에게 한 신문기자가 바둑이 무엇이냐고 물었다. 그는 망설이지 않고 '조화(調和)'라고 답했다. 매우 독특한 답변이나. 조화란 잘 어울린다는 뜻이기 때문이다. 상대방보다 조금이라도 많은 영토를 차지하기 위해 치열하게 싸우는 바둑에서 조화를 강조하니 얼핏 생각하면 이상하게 들릴 수도 있다.

그러나 이 말은 심오한 의미를 담고 있다. 그의 대답은 부분과 전체가 조화를 이루어야 한다는 뜻으로, 개인과 사회의 조화, 자연과 인간의 조화 등과 같은 동양철학 사상과 맥을 같이 하고 있다.

바둑이 수준에 오르면 누구나 우칭위안 기성이 말한 '조화'를 온몸으로 느끼며 두게 된다. 아마추어들도 바둑을 어느 정도 두게 되면 '조화'라는 개념을 이해하고 실제로 조화의 철학이 반영된 기술을 구사하게 된다.

조화는 음양의 조화, 실리와 세력의 조화 등 여러 가지로 설명할 수 있는데, 우리가 가장 주목해야 할 것은 부분과 전체의 조화다. 한 부분에서 일어나는 일이 다른 부분과 어울리고, 나아가 전체적으로 조화를 이루는 것을 뜻한다.

바둑에서는 어느 한 부분에서 이익을 보아도 전체적으로 어울리지 않으면 좋은 수로 인정하지 않는다. 바둑을 잘 두는 비결 중의 하나는 한 수 한 수가 주변 상황과 어울리도록 두는 것이다.

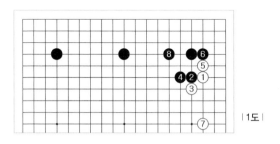

|1도|

[1도]를 보자. 이런 모양에서 백1에 흑2로 붙여서 흑8까지 진행되는 형태는 '붙임수 정석'으로 불리는 매우 유명한 정석이다. 초급자들도 실전에 자주 쓰는 정석이다. 정석은 모범적인 수의 조합이기 때문에 부분적으로 보면 흑과 백이 서로 불만 없는 갈림이라고 할 수 있다. 그러나 정석이라고 해도 주변 상황이나 전체 상황에 어울리지 않으면 좋지 않다. 물론 이 상황에서는 왼쪽 흑의 진형과 잘 어우러지는 모양이기 때문에 흑에게 나쁘지 않다.

그러나 [2도]와 같은 상황에서는 어떨까? 이런 상황에서 붙임수 정석을 쓰면 백이 9로 상변에 벌려와 흑이 실속 없는 결과가 된다. 오른쪽 흑의 튼튼함이 백9로 인해 무의미해졌다. 오른쪽 부분만 보면 정석이지만 전체 상황으로 보면 흑이 좋지 않은 선택을 한 것이다.

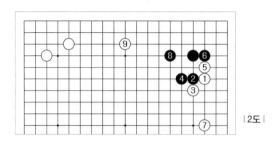

|2도|

이 예에서 알 수 있듯, 어느 한 부분이 전체적 상황과 잘 어울리지 못하면 좋은 바둑이라 할 수 없다. 이것이 바로 기성 우칭위안이 말한 '조화'다.

기업이야말로 조화가 필요하다

조화라는 말은 경영학에는 없는 개념이다. 그러나 경영에도 '조화'가 반드시 필요하다. 회사가 잘 운영되기 위해서는 각 부서들이 잘 어우러져 협력을 하는 구조가 되어야 한다. 각 부서가 따로 놀면 생산성이 크게 떨어진다. 경영자 역시 부서간의 갈등 문제로 골머리를 앓게 된다.

오케스트라의 경우를 생각해 보자. 어느 한 파트, 아니 어느 한 사람이라도 협주가 아닌 자기 식대로 연주를 하면 전체적인 조화가 깨지고 만다.

실제로 오케스트라에서 종종 호른 연주자가 '삑' 하는 소리를 내는

정수현 9단의 고수경영

경우가 있다. 호른은 음을 깨끗하고 정확하게 내기가 상당히 어려운 악기다. 그래서 다른 연주자들은 호른 연주자가 약간 실수하더라도 "호른이잖아" 하며 그냥 넘어간다고 한다. 그렇지만 실제 공연에서 이런 불협화음이 나오면 그 연주는 실패하고 만다.

기업도 마찬가지다. 아니, 오케스트라보다 더 전체의 조화에 신경 써야 한다. 경영에는 연습이 없기 때문이다. 그러므로 조직의 하위부분들이 공동의 목표를 향해 조화를 이룰 수 있도록 하는 것이 성공적인 기업으로 향하는 지름길이라고 할 수 있다.

포석에도
유행이 있다

세상이 빠르게 변하고 있다. 기업 간 또는 국가 간의 경쟁력을 높이기 위한 기술혁신이 가속화되면서 사람들의 생활양식과 사고방식도 함께 변하고 있다. 가장 획기적인 변화는 컴퓨터와 휴대폰의 생활화다. 이제 인터넷과 핸드폰을 쓰지 않으면 살기 어려운 세상이 돼 버렸다.

세상의 모든 것이 너무 빨리 변하기 때문에 그걸 따라가기가 쉽지 않다. 미래를 예측하기도 어렵다. 10년 후의 삶이 어떤 양상을 띨지 아무도 단정적으로 얘기하지 못한다. 로봇이 사람을 대신할 것으로 예상하고 있기는 하나, 얼마나 많은 영역으로 확대될지는 아무도 모른다. 아무튼 우리가 상상하는 것 이상의 변화가 생길 것이라는 것만큼은 확실하다.

이처럼 빠른 변화는 개인은 물론 기업에도 부담을 준다. 변화에 적절하게 대응하지 않으면 잘 나가던 기업도 언제 문을 닫을지 알 수 없다. 브리태니커, 코닥, 모토로라 등 잘 나가던 기업이 한 순간에 몰락하리라고는 그 누구도 예상하지 못했을 것이다. 삼성그룹의 이건희 회장은 늘 '위기'라는 말을 입에 담았는데, 이것이 결코 엄살이나 과장은 아니었던 것이다.

변화에 효과적으로 대응하는 방법 중 하나는, 유행의 흐름에 올라타는 것이다. 바둑 역시 유행에 민감하다. 이를 통해 비즈니스를 들여다보기로 하자.

포석과 정석은 유행을 탄다

포석과 정석은 바둑의 중요한 기술 부문을 일컫는 말로, 매스컴이나 일상생활에서도 흔하게 쓰이고 있다. 포석은 바둑판에 돌을 배치하는 기술을 가리키는데, 돌을 배치한 기본적인 모양을 '포진(布陣)'이라고 한다. 이러한 포진의 형태에는 여러 가지 유형이 있다. 한편 정석은 모범적인 수순으로 이루어진 정형화된 모양을 말하는데, 통상적으로 포석 단계에서 많이 사용된다.

재미있는 것은 바둑의 포석과 정석이 의상이나 노래처럼 유행을 탄다는 점이다. 바둑잡지에는 '유행포석'이나 '유행정석'이란 칼럼이 자주 등장한다. 신상품처럼 신정석이 끊임없이 나와 유행을 주도한다.

포석은 패션 트렌드처럼 시대별로 다른 경향을 보인다. 1970년대에는 실리를 중시하는 소목포석이 유행했다가, 1980년대에는 세력과 스피드를 중시하는 화점포석으로 바뀌었고, 2000년대에는 중국식포석이 유행하는 식이다. 세월이 흐르는 동안 소림류, 대각선포진, 미니중국식 등 다양한 포석들이 인기상품으로 떴다가 시장의 뒤편으로 사라졌다.

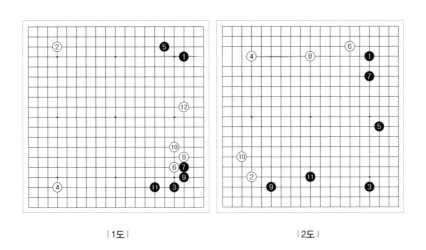

| 1도 | | 2도 |

[1도]는 1970년대에 유행했던 '소목포석'이다. 현금을 착실하게 저축해 가는 것과 같은 포석이다. 이것이 유행하던 시절에는 마치 포석의 결정판인 것처럼 여겼다.

[2도]는 나중에 유행한 '중국식포석'이다. 이 포석은 폭넓은 진을

정수현 9단의 고수경영

펼쳐 영역을 크게 건설하는 것이 특징이다. 처음에 이 포석이 나왔을 때는 이상한 포진이라고 했다. 기존의 포석 관념과는 크게 달랐기 때문이다. 그러나 나중에는 너도나도 이 포석을 두면서 크게 유행했다.

이처럼 포석은 시대에 따라 변화를 보인다. 프로기사들은 개인적으로 선호하는 포석 스타일이 있지만 유행하는 포석을 따르기도 한다. 예를 들어 바둑황제 조훈현 9단은 일본에서 귀국한 후 줄곧 집차지에 유리한 소목포석을 사용해 왔으나, 화점의 전성시대가 되면서 한동안 화점 일색의 포석을 전개했다. 물론 프로기사들은 유행을 따르면서도 그 안에서 자기류를 구사한다.

리메이크 복고풍이 나타난다

유행은 항상 새로운 것만을 추구하지는 않는다. 과거에 유행했던 것이 다시 유행을 타기도 한다. 마치 예전에 인기 있었던 노래가 리메이크되는 것과 비슷하다.

그런데 과거의 것이 다시 유행할 때는 뭔가 새로운 요소가 더해지는 경우가 많다. 바둑의 포석도 마찬가지다. 18세기의 기성 슈사쿠 명인이 애용했던 '수책류포석'이 있는데, 이 포석은 옛 유물처럼 여겨져 현대 바둑에서는 사라진 듯했다. 또한 슈사쿠 명인이 "바둑의 규칙이 변하지 않는 한 영원불멸의 호수(好手)"라고 한 '마늘모 수'도 어느덧 자취를 감춰버렸다.

그러나 한 200년쯤 지난 후 수책류는 몇몇 기사들에 의해 새로이 선을 보였다. 물론, 옛날 스타일이 아니라 현대적 감각이 가미된 리메이크 수책류였다. 그리고 자취를 감췄던 마늘모 수도 다시 나타났다.

　　재미있는 것은 마늘모 수에 대한 해석도 달라졌다는 것이다. 이 수는 느슨한 수여서 치열한 현대바둑에는 맞지 않는다는 이유로 사라졌다. 그러나 리메이크로 나타난 마늘모 수는 급박하게 몰아치는 상대의 전법을 무력화시키는 유유한 수라는 평을 받았다.

　　이처럼 이미 한 물 간 것이라고 여기는 것들도 다시 유행할 수 있기 때문에 지나간 것들을 무시해서는 안 된다. 예를 들어, 디지털 카메라가 유행을 타기 시작하던 무렵 갑자기 로모 카메라가 등장해 인기를 끌기 시작했다. 로모 카메라는 1914년에 등장해 대중의 혹독한 평가를 받고 소리 소문 없이 사라졌던 필름 카메라였다. 채도가 높고 편광처리가 안 되어서 의도와는 다른 사진이 나온다는 것이 그 이유였다. 그런데 바로 그 '의외성'이 디지털이 가지고 있는 '평범함'을 대체할 수 있었기에 로모 카메라는 새롭게 조명 받았고, 지금은 마니아층을 거느리며 확실하게 입지를 굳혔다. 그러므로 경영자는 옛것을 흘러간 것, 진부한 것으로만 치부할 것이 아니라, 옛것에서 새로운 것을 찾아내는 법고창신(法古創新)의 자세도 필요하다.

　　　●　　　　　　　　　　　　　　　　　정수현 9단의 고수경영

고객이 불만을 느끼면 정석은 사라진다

포석이 시대적 조류라면 정석은 구체적인 상품에 비유할 수 있다. 새로운 정석이 시장에 출시되면 대중들은 큰 관심을 보인다. 먼저 전문가 계층인 프로기사들이 사용을 하게 되고 점차 아마추어 바둑팬 계층으로 확산되어 간다.

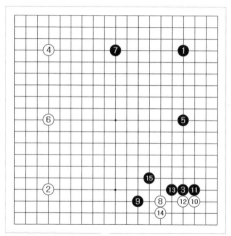

|3도|

'우주류'라는 매력적인 바둑을 구사한 일본의 다케미야 마사키 9단은 '삼연성포석'을 유행시킨 대표적 인물이다. 광활한 우주에서 별들의 전생을 벌이는 듯한 다케미야의 바둑은 싸이의 강남스타일처럼 바둑팬들 사이에서 선풍적인 인기를 끌었다. 우리나라에서도 우주류 바둑을 흉내 내는 팬들이 많았다.

[3도]의 흑처럼 폭넓은 영토를 구축하는 것이 우주류다. 이 포석에서는 백8로부터 흑15까지 두는 것이 정석이다. 백에게 실리(확실한 집)를 주고 바깥에 튼튼한 외벽을 쌓는 이 모양은 한때 너도나도 애용했던 정석이다. 많은 바둑팬들이 이 정석을 외워 자신들의 바둑에서 흉내 내곤 했다.

그런데 정석 시장은 매우 냉정하다. 고객이 조금이라도 불만을 느끼면 그 정석은 이내 시장에 사라지고 만다. 대중에게 큰 인기를 끌던 우주류도 어느 새 정석 시장에서 자취를 감추고 말았다. 새로운 유행이 나오자 많은 바둑팬들이 비정하게도 등을 돌린 것이다.

이처럼 아무리 큰 인기를 끌던 정석이라도 새로운 정석이 등장하면 흘러간 옛 가수처럼 뒤안길로 소리 없이 사라져 버린다. 정석들을 수록해 놓은 《정석대사전》이란 책이 있는데, 이 사전을 보면 흘러간 정석으로 전락해 버린 것들이 많다. 마치 플로피 디스크나 LP음반과 같이 신상품에 밀려 퇴출된 신세가 된 것이다.

정석은 끊임없이 개량된다

그러나 유행이 변화하는 와중에서도 인동초처럼 살아남는 정석도 있다. 시간의 흐름과 무관하게 짜장면이나 비빔밥처럼 변함없이 고객의 사랑을 받는 정석이 있는 것이다. 기업 입장에서는 이런 상품을 제

정수현 9단의 고수경영

공할 수 있다면 안정적인 수익을 확보할 수 있을 것이다.

그러나 이런 정석들이라고 해도 항상 똑같은 형태를 유지하는 것은 아니다. 조금씩 개량된 형태로 제공된다. 시대의 흐름을 초월하는 인기 상품들도 마찬가지다. 세월이 흐르다 보면 고객들이 불만을 가지거나 시들해지는 경우가 있다. 그럴 경우 문제점을 보완해서 다시 내놓으면 고객들은 다시 관심을 갖게 된다. 더 좋은 방법은 고객들에게 불만이 생기기 전에 개량해서 내놓는 것이다. 원래부터 좋아하던 것인데 더 좋은 모습으로 나온다면 고객들의 충성도는 더 높아질 것이다.

코카콜라는 130년이 넘는 세월 동안 세계인의 사랑을 받고 있는 제품이다. 코카콜라가 경쟁 회사들을 따돌리고 부동의 1위 자리에 올라설 수 있었던 것은 1915년에 선을 보인 야자열매 모양(흔히 여성의 몸매로 알고 있는)의 병 덕분이었다. 이후로 코카콜라의 성분은 크게 바뀐 것이 없지만, 제품을 담는 병은 끊임없이 개선됐다. 6개들이 팩을 선보이기도 하고, 다양한 용량의 병을 내놓기도 하고, 한정판 병을 출시하기도 하면서 끊임없이 고객의 관심을 끌어내었다. 이처럼 고객의 니즈를 파악해 끊임없이 개선해 나가는 것이야말로 유행을 타지 않는 정석이라 할 수 있다.

평범하게 보이는 것도 비범하게 보는 능력

정석 중에는 기존의 상품에 비해 매우 파격적인 모습으로 나타나는 것이 있다. 이런 상품은 특별하기 때문에 시장의 주목을 끈다. 예를 들어, 페이스북 같은 경우 오프라인에서 이루어지던 사교의 장을 사이버 공간 속에 제공함으로써 폭발적인 인기를 끌고 있다.

파격적인 상품은 대박을 낳는 경우가 많다. 한국 바둑을 세계 최강으로 올려놓은 파격적인 '한국류 정석'은 도저히 넘어설 수 없을 것으로 보였던 일본바둑을 꺾는 이변을 낳았다. 싸이도 기존의 춤과는 다른 코믹한 춤으로 순식간에 세계인의 주목을 끌었다. 어쩌면 비즈니스에서 단기간에 대박을 터트리려면 이와 같이 파격적인 상품을 개발해야 하는 것인지도 모른다.

파격적인 정석은 상식을 뛰어넘는 창의적인 사고에서 출현하는 경우가 많다. 기성, 즉 바둑의 성인으로 추앙 받았던 우칭위안 9단은 젊은 시절 새로운 정석을 곧잘 창안해 내는 것으로 유명했다. 그가 창안한 정석 중에 '밀어붙이기 정석'이라는 유명한 모양이 있는데 이것은 우 9단이 우연히 아마추어의 바둑을 구경하다가 만들어 낸 정석이라고 한다. 이렇게 보면 고수란 평범하게 보이는 것도 비범하게 보는 능력을 가진 사람이 아닐까 싶다. 비범하게 보는 능력은 달리 말하면 상상력이라 할 수 있다.

창의력의 아버지로 추앙받는 스티브 잡스는 "사회가 요구하는 시선을 너무도 당연하게 받아들이고, 한편으로는 그 시선의 틀에 당신 자신을 끼워 맞추고 안주하는 이상 '예술가의 창의성'은 없습니다"라고 단언했다. 바둑인이든, 예술가든, 경영인이든 당연한 것을 당연하게 받아들이면 창의적인 발상은 나올 수 없다.

누울 자리를 보고
다리를 뻗어라

인간의 삶은 총성 없는 전쟁이다. 돈과 지위와 명예를 얻기 위해 지금도 수많은 사람들이 치열한 경쟁을 벌이고 있다. 기업경영에는 리더십, 조직관리, 생산관리 등 여러 측면이 있지만 본질적으로는 고객 쟁탈전이라 할 수 있다. 따라서 고객을 확보하는 기술은 모든 비즈니스에서 가장 기본이다.

고객을 확보하는 방법으로는 시장을 세분화하여 어떤 시장을 공략할 것인가를 결정하는 방식이 권장되고 있다. 모든 사람을 고객으로 하는 것은 막연하니 고객층을 나누라는 것이다. 다시 말해, 자기 회사의 표적시장(target market)을 선정하고 그 시장의 고객에게 초점을 맞추라는 것이다.

이론상으로는 일리 있는 말이다. 그러나 실제로는 표적시장을 선정하기가 만만치 않다. 업종에 따라 차이가 있겠지만 다수의 고객층이 있을 경우 어디를 메인으로 할 것인지를 판단하기가 쉽지 않다. 연령을 기준으로 시장을 구분할 때와 경제 수준을 고려하여 나눌 때, 또 지역별로 나눌 때 등 다양한 기준이 있기 때문에 이를 종합하여 고객층을 구분하기가 쉽지 않다.

예를 들어 고가이며 화려한 등산복의 표적시장을 선택한다고 하자. 색상으로 보면 젊은 층이 타깃이 될 수 있지만, 고가라는 점에서는 경제적으로 여유가 있는 계층이 타깃이 될 수 있다. 하지만 부유층은 등산보다 골프나 다른 레저를 즐길 가능성이 많으니 이 계층을 겨냥하는 것이 타당한지 의문이다.

이처럼 표적시장을 선택하기 어려울 때는 어떻게 해야 할까?

바둑의 시장 분석법

시장을 선정할 때 바둑은 일반적인 기업과 다른 방식을 사용한다. 바둑에서 영토는 비즈니스로 치면 시장에 해당한다. 바둑은 이러한 반상의 마켓을 놓고 서로 상대편보다 입지가 좋은 곳을 차지하려는 쟁탈전을 벌인다. 가치가 큰 곳을 많이 차지해야 영역을 개척하는 데 유리하고 결과적으로 지분을 많이 차지할 수 있기 때문이다.

바둑에서 시장을 차지하는 기술을 다루는 분야는 포석(布石)이다.

포석은 바둑판의 좋은 곳, 즉 유망한 시장을 선점하는 것을 목표로 한다. 이 과정에서 유리한 곳을 차지하기 위해 서로 멱살을 잡고 싸우는 난투가 벌어지기도 한다.

　포석에서 유망한 시장을 차지할 때 적용하는 기준은 바로 '경제성'과 '발전성'이다. 경제성은 가급적 바둑돌을 적게 소비하며 최대의 효과를 올리는 것을 말한다. 발전성은 앞으로 더 많은 가치를 창출할 가능성을 말한다.

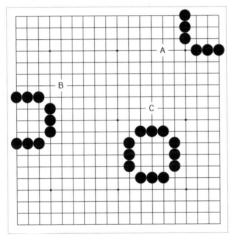

| 1도 |

　[1도]는 초보자들이 바둑을 배울 때 접하게 되는 그림이다. 이 그림은 포석을 할 때 바둑판의 지역에 따라 경제성에 차이가 나는 것을 잘 보여주고 있다. 비즈니스에 비유하면 A, B, C라는 시장이 있을 때 어느 시장을 점령하는 것이 좋은가 하는 문제를 다루는 것이라 할 수 있다.

세 군데 시장은 흑돌로 영토를 에워싸 모두 9집씩 확보하고 있다. 그러나 수익률은 다르다. 수익률을 따지면 A는 1.5, B는 1.0, C는 0.75다. 따라서 A가 가장 경제적임을 알 수 있다.

이와 같은 원칙은 기업경영에도 적용된다. 자동차업계나 여행업계 등에서 일본시장에 뛰어들었다가 고전하고 문을 닫은 사례가 적지 않다. 많은 노력을 들였는데도 수익을 창출하기 어려웠기 때문이다. 바둑으로 치면 많은 돌을 들였는데 집은 적게 차지한 경우라 할 수 있다.

옛날 바둑에서는 경제성의 개념이 희박했다. 중국 원나라 때 저술된 《현현기경(玄玄棋經)》이란 책에는 고대의 기보가 수록되어 있는데, 경제성을 고려한 전략을 찾아보기 어렵다. 또한 도쿠가와 이에야스가 전국을 통일한 후 일찍이 바둑전문가 시스템을 도입한 일본에서도 17세기까지는 경제성의 개념을 찾아보기 힘들다.

이후 도사쿠(道策)라는 명인이 나오면서 효율을 중시하는 바둑이 등장했다. 도사쿠는 바둑에 경제성이라는 사고를 도입하여 무적으로 군림했고 최초의 '기성(棋聖)'으로 불렸다. 다른 바둑고수들이 바둑을 싸움으로 인식할 때 경제성의 측면에서 접근했기에 가능한 일이었다.

시장 평가의 또 다른 잣대

바둑에서는 또 하나 시장개척의 잣대로 '발전성'이란 개념을 강조한다. 바둑이든 경영이든 독과점 형태로 시장 전체를 지배하는 것은 사실상 불가능하다. 따라서 자신에게 보다 유리한 시장, 즉 가능하면 발전성이 좋은 곳을 차지하기 위해 노력한다.

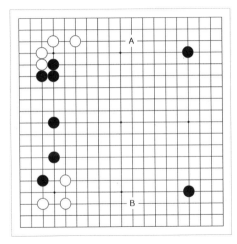

|2도|

[2도]에서 백이 A와 B 중에서 하나를 골라야 한다면 어디가 좋을까? 비슷해 보이지만 백에게는 B가 발전 가능성이 높다. A는 기존의 시장이 굳어 있어 크게 성장할 가능성이 없는 곳이다. 그러나 B는 당장의 수익뿐만 아니라 장차 더 많은 이익을 가져올 가능성이 있다.

발전성이 좋은 곳을 선택하라는 것은 달리 말하면 발선성이 없는 곳은 버리라는 말과도 같다. '필립스' 하면 아직까지도 전자 분야의 기업으로 생각하는 사람들이 많다. 하지만 필립스는 이미 10여 년 전에 전자 분야 사업을 정리했다. 삼성, 소니 등 신흥 강자들에 밀려 실적이 지지부진했기 때문이다. 기업의 정체성이라고까지 할 수 있는 전자 분야를 과감히 정리한 필립스는 의료기기 분야에 주력하여 현재는 유럽시장에서 독보적인 위치를 점하고 있다.

필립스가 100년이 넘도록 장수할 수 있었던 비결은 사업의 발전성을 고려하여 선택과 집중을 잘 했기 때문이다. 따라서 기업이 장수하기 위해서는 발전성 있는 분야를 발굴하여 집중 투자하고, 발전성 없는 분야는 과감히 버릴 수 있는 결단력을 가져야 한다.

행마
지금, 어떻게 움직일 것인가

행마는 바둑돌을 움직이는 것을 말한다. 구체적으로는 흑과 백이 접촉할 때 상대방의 수에 대응하는 것이라 할 수 있다.

행마는 기본적으로 빠르고 최대한 능률적인 방향으로 움직이는 것이 원칙이다. 물론 빠른 바둑이 항상 좋은 것은 아니다. 황소처럼 느린 걸음으로 착실하게 행마하는 것이 더 유리할 수도 있다. 바둑의 행마법을 통하여 운신의 묘를 들여다보는 것도 의미가 있는 일이다.

중복을 피하고
능률을 추구하라

사람들이 일을 할 때 가장 많이 따지는 것은 무엇일까? 바로 '능률성'이다. 누구든 최소한의 노력으로 최대의 결과를 얻고자 한다. 그래서 사람들은 어떤 일을 하든 능률적이어야 좋다고 생각한다. 이윤 추구를 목표로 삼는 기업은 두 말할 필요도 없다.

사람들이 능률을 기본적인 가치로 여기며 활동한다는 점에서 능률성은 인간행동의 원리이자 철학이라고 할 수 있다. 바둑에서도 능률성을 가장 중요하게 여긴다. 능률적이지 않고서는 상대방보다 '영토', 즉 이권을 많이 확보할 수 없다. 그러나 지나치게 능률성을 좇다 보면 바둑이 엷어지고 결국은 문제를 일으키게 된다.

능률성은 경영의 기본원리

개인도 능률성의 원리에 따라 행동하지만, 능률성의 원리를 가장 철저하게 따르는 곳은 기업이다. 이윤 창출을 목표로 하는 기업에 있어서는 능률성이 기업 활동 자체를 평가하는 기준이 된다.

미국의 프레드릭 테일러는 생산성, 즉 능률성을 높이는 '과학적 관리법'을 고안하여 경영학 책의 앞부분을 장식하는 인물이 되었다. 테일러는 광석이나 재를 퍼 나르는 노동자들을 과학적으로 관리함으로써 능률성을 높일 수 있다는 것을 보여주었다. 그의 이론을 현장에 적용한 결과 1인당 작업량이 평균 16톤에서 59톤으로 3.7배가 증가했고, 노동자들의 임금은 63퍼센트나 올랐다. 테일러는 이 연구로 일약 '경영학의 아버지'가 되었다.

'경영은 곧 능률'임을 보여주는 좋은 예가 있다. 바로 '한국능률협회'다. 경영에 관한 교육과 컨설팅을 하는 협회 이름에 '경영'이라는 말을 넣지 않고 '능률'을 넣은 것이 재미있다. 경영이란 결국 능률을 추구하는 활동이라는 것을 반증하는 이름 붙이기다.

한번은 한국능률협회 초청으로 '바둑과 경영'이라는 주제로 조찬강연을 한 적이 있었다. 참석자가 얼마 없을 줄 알았는데 무려 500명이 넘는 청중이 새벽부터 나와 강연회에 참석했다. 그중에는 이름만 대면 알 수 있는 유명한 CEO들도 있었다. 이른 아침부터 경영공부를 하는 이들의 열정에 놀라움을 표하지 않을 수 없었다. 이런 열정이 한국을 전쟁의 폐허에서 세계 15위의 경제 강국으로 성장하게 한 비결이 아닌가 하는 생각이 들었다.

모양으로 능률성을 잰다

그런데 능률적인지 아닌지는 어떻게 판단할까? 일반적으로 어떤 일을 하여 거둔 '산출'을 그것에 투입한 '비용'으로 나누는 방법을 많이 쓴다.

예를 들어, 1백만 원에 해당하는 노력을 하여 2백만 원의 효과를 거두었다면 2의 능률을 올린 것이다. 그렇지만 이것이 능률적인지 아닌지 평가하려면 이와 비슷한 일을 한 경우를 비교해 봐야 한다. 예를 들어 같은 일에 1백만 원을 들여 3백만 원의 성과를 거두었다면 2백만 원의 성과를 거둔 것은 비능률적이라고 평가 받는다. 이런 면에서 볼 때 능률성은 상대적이라 할 수 있다.

사실 투입과 산출로 계산하는 능률성 평가는 쉬운 일이 아니다. 비용과 효과가 산술적으로 착착 계산되는 것이 아니기 때문이다. 예를 들어 어떤 일을 정해진 기간 내에 처리하기 위해 밤잠을 설치며 열정적으로 일했다고 하자. 이러한 노력을 정확하게 수치로 표시할 수 있을까. 성과물 역시 마찬가지다. 성과물이 금전이나 물적 자원이 아닌, 개인의 명성 같은 것이라고 하면 이것을 수치로 계산하기는 쉽지 않다.

바둑 역시 마찬가지다. 어떤 돌이 얼마만큼의 가치를 가지고 있는지 정확하게 수치로 나타내기 어렵다. 그래서 바둑에서는 모양이 좋고 나쁨에 따라 능률성을 평가한다. 《행마의 기초》를 쓴 조남철 9단은 좋은 모양을 '양형(良形)', 나쁜 모양을 '우형(愚形)'이라고 이름 붙였다.

그렇다면 좋은 모양과 나쁜 모양은 어떤 것일까?

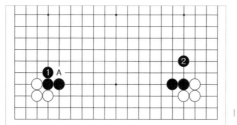

|1도|

[1도]에서 흑1로 두는 것은 '빈삼각'이라고 하는 나쁜 모양이다. 빈삼각은 비어 있는 삼각형이란 뜻이다. 귀에 있는 백돌과 달리 흑돌은 A의 곳이 비어 있다. A에 백돌이 없을 때 흑1에 둔 빈삼각은 비능률적인 형태다. 그래서 "빈삼각은 우형이니 두지 마라"는 행마법 격언도 있다. 여기서는 오른쪽처럼 흑2로 한 칸 뛰는 것이 좋은 행마다.

바둑에서 빈삼각과 같은 우형이 배척 받는 이유는 돌의 기능이 중복되어 능률성을 발휘하지 못하기 때문이다. 다음 그림을 보자.

[2도]에서 흑1에 단수하자 백2로 이었는데, 백의 모양을 보면 포도송이처럼 다닥다닥 붙어 있음을 알 수 있다. 돌은 많이 투자되었지만 한 집도 없는 모양이다. 이 그림의 백돌과 같은 모양을 '중복형'이라고 한다.

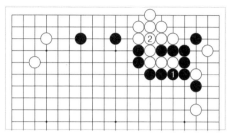

|2도|

　포도송이처럼 같은 편 돌들이 이렇게 뭉쳐 있으면 각자 제 기능을 발휘하지 못해서 비능률을 초래하게 된다. 백돌이 무려 열두 개나 사용되었지만 실질적인 소득은 별로 없다. 바둑을 좀 두는 사람이라면 이런 모양을 둘 때 입맛이 씁쓸할 것이다. 반면에 흑은 바깥쪽에 튼튼한 세력을 얻어 매우 능률적인 모양을 하고 있다.

　기업경영에 있어서도 생산성을 높이기 위해서는 이런 포도송이, 즉 중복형을 피해야 한다. 올림픽경기 중계를 할 때 방송3사가 똑같은 프로그램을 방영하는 따위의 중복된 사업을 지양해야 한다.

　자영업을 시작하는 사람들은 대개 여러 사람들이 이미 하고 있는 사업에 뛰어들려고 한다. 일리 있는 생각이다. 그런 분야는 검증이 되었다고 볼 수 있기 때문이다.

　그러나 냉정히 생각하면 이런 사업은 바둑의 포도송이 모양처럼 엄청난 중복형이다. 이처럼 많은 경쟁자들이 비슷한 전략과 상품으로 경쟁하는 시장을 '레드오션(red ocean)'이라 부른다. 이런 시장을 벗어나 경쟁자가 없는 '블루오션(blue ocean)'을 창출해야 성공한다는 것은 이제는 기본상식으로 통하고 있다.

기업경영에서도 생산성을 높이기 위해서는 뭉친 꼴을 피해야한다. 인적·물적 자원이 과도하게 집중된 곳은 없는지, 적절하게 사용되고 있는지를 확인할 필요가 있다.

바둑돌에도
체면이 있다

바둑을 두는 사람은 흔히 기업을 운영하는 경영자나 전쟁터에서 싸움을 하는 총사령관에 비유된다. 흑과 백의 바둑돌은 기업이나 군대의 부하와 같다. 그러므로 대국자는 기업조직을 이끌어가는 경영자처럼 용병술이 필요하다.

바둑의 용병술은 기업의 조직관리나 리더십에도 의미 있는 교훈을 줄 수 있다. 예를 들어 '각 부분들이 조화를 이루도록 해야 하고', '탄력 있는 조직으로 만들어야 하며', '어느 한 쪽으로 편재된 시스템을 만들어서는 안 된다'는 것 등이다. 박찬구 금호석유화학 회장은 《미생》에 나오는 "바둑판 위에 의미 없는 돌이란 없어!"라는 대사를 인용하며, 회사 직원들을 독려하였다.

물론 바둑판 위의 바둑돌은 살아서 움직이는 조직 속의 인간과는 다른 점이 많다. 개인마다 생각과 동기가 다른 인사조직에 비하여 바둑돌 조직은 말이 없는 존재들이다. 말이 없기 때문에 바둑판 위의 부하들은 통제하기가 쉽다. 하지만 조직을 이끌어가는 원리나 노하우에는 비슷한 점들이 많다.

바둑판에 두어지는 바둑돌은 무생물이지만 때로는 살아 숨 쉬는 생물체처럼 느껴지기도 한다. 어떤 프로기사는 바둑돌에도 생명이 있다고 말했다. 사람을 호인, 악인, 속물, 기인, 괴인 등으로 평가하듯이, 바둑돌도 호수, 악수, 속수, 기수, 괴수와 같이 평가하는 경우가 많다.

돌의 체면을 살려라

바둑판의 용병술 중에서 기업이나 다른 조직에도 유용하게 활용될 수 있는 특별한 노하우가 있다. 그것은 바둑돌의 체면을 살려준다는 개념이다.

사람은 누구나 체면이 깎이는 것을 싫어한다. 특히 체면의식이 강한 한국인들은 체면이 상하면 상대방에게 적대감을 갖기 쉽다. 따라서 조직의 리더들은 고객과 외부 관계자들은 물론 부하직원의 체면을 훼손시키는 행동을 해서는 안 된다.

프로기사들은 누구나 예외 없이 자신이 두는 바둑수마다 체면을 세워 주려고 한다. 그렇다면 바둑에서 체면을 세워 준다는 것은 어떻게 하는 것을 말할까?

　돌의 체면을 세워준다는 것은 바로 그 돌이 바둑판 위에서 제 역할을 하도록 해 주는 것이다. 다시 말해서 그 돌이 최소한 자기 밥값은 하도록 만들어 주는 것이다.

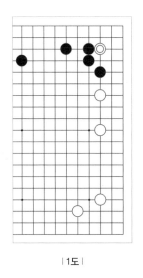
|1도|

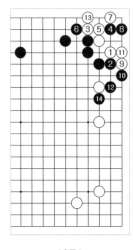
|2도|

　[1도]를 보면 흑집 속에 백돌◎ 한 점이 외롭게 놓여 있다. 이 백돌은 적진에 포로로 잡힌 신세다. 그러나 백이 애를 쓴다면 이 돌을 살려낼 수도 있다. 그렇다면 이 돌을 살려내는 것이 최선일까?

　[2도]를 보자. 백이 살자고 하면 백1에서 백13까지의 수순으로 살 수 있다. 흑집 속에서 독립된 두 집을 내고 살았다. 그러나 이것은 백이 입장에서 결코 바람직한 걸과기 이니다. 포로로 집힌 백돌을 살리

는 동안 흑14까지 우변의 백 한 점이 잡히면서 큰 손해를 입었기 때문이다. 포로로 잡힌 아군을 살리기 위해 다른 병사의 목숨을 희생한 것이나 마찬가지 결과다.

　백이 이렇게 사는 것은 명예롭지 않다. 자신의 목숨은 건졌지만 조직을 해롭게 했기 때문에 결코 명예로운 삶은 아니다. 그렇다면 이 돌의 체면은 어떻게 살려 주어야 할까?

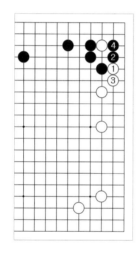

|3도|

　고수들은 포로로 잡힌 백돌을 살리는 것보다 [3도]처럼 백1에 두어 백돌 한 점을 버리는 전략을 택한다. 이렇게 하면 백1·3으로 이익을 보아 우변 백집을 늘릴 수 있다. 조직에 플러스를 가져오기 때문에 백돌 한 점은 잡히더라도 제 역할을 다 했다고 할 수 있다. [2도]의 구차스런 삶보다 [3도]처럼 차라리 명예로운 죽음을 택하도록 하는 것이 이 돌의 체면을 살려주는 것이다.

　　　　　　　　　　　　　　　　　정수현 9단의 고수경영

조직에 헛수를 두지 말라

바둑판에서 아무 기능도 못하는 의미 없는 수를 '헛수'라고 한다. 이런 헛수를 두는 것은 완전히 체면을 구기는 일이다. 또한 쩨쩨한 꼼수나 치졸한 수를 두는 것도 그 돌의 체면을 상하게 하는 것이다.

기업에 비유하면 돌의 체면을 살려준다는 것은 부하 직원이 조직 내에서 의미 있는 역할을 하는 존재로 만들어 주는 것이다. 직원들이 자신이 속한 조직의 목적에 공헌하려는 의욕을 가지고 역할을 충실히 수행한다면 그 기업은 탄탄해질 것이다. 경영자는 바로 이러한 공헌 욕구를 자극시켜 기업의 능률성을 높일 필요가 있다.

이러한 '체면 존중' 리더십을 적용하기 위해서는 다음과 같은 세 가지를 실천하는 것이 좋다.

- 조직 구성원 개개인의 인격과 체면을 중시하라.
- 조직 내에서 직원들이 의미를 갖도록 하라.
- 직원들이 헛수나 악수가 되지 않도록 배치를 하라.

많은 리더들이 기본적으로 알고 있는 바지만 실천에는 소홀한 원칙들이다. 능숙한 경영자들은 다른 사람들 앞에서 부하의 칭찬을 하여 얼굴을 세워준다. 체면에 살고 죽는 우리나라 사람에게는 이것만큼 아랫사람을 통솔하는 효과적인 방법도 없다.

체면을 살려주는 또 하나의 방법은 부하가 잘못 했을 때 다른 사람들이 있는 곳에서 꾸짖지 않고 따로 불러 얘기하는 것이다. 이처럼 리더가 부하들의 체면을 살려주려는 노력을 한다면 조직관리를 하는 데 적지 않은 도움이 될 것이다.

리더들은 또한 조직 구성원들의 존재와 일에 대한 의미를 고려해야 한다. 어떤 조직이나 마찬가지지만, 자신이 하는 일이 의미 있는 일이라고 느끼는 조직원들이 많을수록 그 조직은 잘 굴러간다.

이런 점에서 직원들이 헛수나 악수 역할을 하지 않도록 배치하고 관리하는 것이 중요하다. 있어도 그만, 없어도 그만인 조직원은 헛수나 다름없다. 이는 조직원 자체의 문제이기보다는 조직관리의 문제인 경우가 많다. 따라서 헛수처럼 느껴지는 조직원이 있다면 조직 관리 방식부터 먼저 점검해 보는 것이 좋다.

빠르다고
이기는 것은 아니다

우리는 빠르게 변화하는 세상에 살고 있다. 사람들의 생활양식이나 과학기술은 물론 사고방식과 가치관도 쉴 새 없이 변화하고 있다. 그래서인지 사회 트렌드에 빠르게 대처하고 업무를 처리하는 것이 존중 받는 세상이 되었다.

빠름이 숭앙 받는 것은 영토경쟁인 바둑에서도 마찬가지이다. 크고 좋은 곳을 상대방보다 빨리 차지하고, 선수를 잡아 다른 곳으로 빨리 향하는 것을 승리의 지름길로 여기고 있다. 이렇듯 스피드를 강조하는 것은 빠르게 두어야 능률을 올릴 수 있고 상대방보다 집을 더 많이 차지할 수 있기 때문이다.

빠른 바둑의 진수 조훈현

프로기사 중에서 빠른 바둑의 진수를 보여준 대표적인 인물로는 바둑황제 조훈현 9단을 꼽을 수 있다. 조훈현 9단은 날렵하고 신속한 수법을 구사해 '제비' 또는 '속력행마'라는 별명으로 불린다. 조 9단은 제비처럼 빠른 바둑으로 한국 바둑계의 최고봉에 올랐고 마침내 세계 정상을 정복했다.

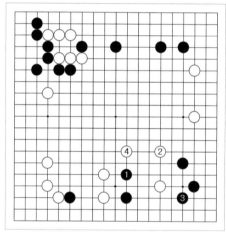

|1도|

[1도]는 한일 정상 대결에서 린하이펑 9단과 조훈현 9단이 둔 실전대국이다. 제비처럼 날렵한 행마로 유명한 조 9단의 행마가 돋보인 한 판이다. 린하이펑 9단이 흑1로 한 칸 뛰어 나가자 조훈현 9단은 백2의 두칸뜀으로 진출한다. 다음 흑3에 두자 다시 백4로 두칸뛰

기를 한다.

　이 바둑처럼 조훈현 9단은 행마를 할 때 빠른 걸음을 중시한다. 빠르게 움직이기 때문에 상대방은 뒤처지기 쉽다. 빠르게 움직이면 아무래도 이익을 많이 취할 수 있다.

느린 바둑으로 빠른 바둑을 이기다

　그런데 빠른 바둑과는 상반된 기법을 구사하는 사람이 나타났다. 바로 조훈현 9단의 제자인 이창호 9단이다. 이창호는 소년시절부터 두텁고 느린 바둑을 두었다. 바둑을 보면 천재성이 없어 보여 이창호 소년이 훗날 세계 바둑계를 뒤흔들리라고 예상한 사람들은 거의 없었다.

　일반적으로 문제를 빠르게 해결하고 과제를 능숙하게 처리할 때 지능이 높다고 평가한다. 그런데 특이하게도 스리랑카에서는 여유를 갖고 차분하게 생각하는 능력을 지능이 높은 것으로 간주한다. 말하자면 이창호는 이런 의미의 천재라고 할 수 있다.

　이창호 9단은 느린 바둑으로 조훈현 9단의 빠름을 제압하며 스승을 무관의 제왕으로 만들어 버렸다. 이창호와 대결할 때는 조훈현의 제비처럼 빠른 바둑은 허술함이 확연하게 노출되어 패인으로 연결되곤 했다.

　이런 일이 뇌풀이 되자 조훈현 9단은 발빠른 속력행마를 약간 두텁고 느린 행마로 바꾸었다.

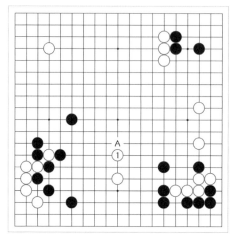

|2도|

예를 들자면 [2도]와 같은 모양에서 A로 시원스럽게 두 칸을 뛰던 것을 백1에 두어 한 칸 좁히는 식으로 변화한 것이다. 속력행마를 표방하는 조훈현 9단이 견실하고 다소 느린 행마로 변했다는 것은 빠른 것이 반드시 능률적이지만은 않다는 것을 보여준다.

후수의 선수

때때로 프로기사들은 일부러 후수를 잡으며 단단하게 지켜두는 수를 두기도 한다. 성급하게 빨리빨리 움직이는 것보다 발이 느리더라도 확실하게 지켜두어 훗날의 활용 가능성을 보는 것이다.

정수현 9단의 고수경영

이것을 '후수(後手)의 선수(先手)'라고 표현한다. 후수지만 실제로는 선수를 잡는 것 이상이라는 뜻이다. 어떤 부분의 일을 빨리 처리하고 다른 곳으로 가고 싶지만, 그 경우 부실공사가 될 수 있으니 그 곳을 손보는 것이 낫다는 것이다. 스피드를 중시하는 것이 바둑이기는 하지만 이러한 '후수의 선수'를 구사할 줄 알아야 진정한 고수라고 할 수 있다.

기업경영이나 조직운영 역시 마찬가지다. "급히 먹는 밥이 체한다"는 말처럼 빨리 성과를 내려다보면 탈이 날 가능성이 높다. 때로는 중장기적인 관점에서 '후수의 선수'를 구사하는 지혜를 발휘해야 한다.

일본은 1990년대 버블 경제의 거품이 꺼지면서 장기 불황을 맞이했다. 이 과정에서 많은 기업이 도산했다. 불황에 취약할 수밖에 없는 중소기업의 경우 20여 년간 99만 개의 업체가 문을 닫았다고 한다.

그러나 장기 불황의 늪에서도 꿋꿋하게 자신의 자리를 지키는 중소기업 또한 많았다. 이들의 공통점은 어려운 상황 속에서도 기초 기술에 대한 투자와 개발을 게을리 하지 않았다는 것이다. 단기적인 실적 개선보다는 뼈를 깎는 고통을 감내하며 기초 기술에 투자한 덕분에 살아남을 수 있었던 것이다. 그야말로 후수의 선수라는 묘를 살린 경영이라 하지 않을 수 없다.

상대의 돌에
끌려 다니지 마라

"손 따라 두지 마라."

이 말은 바둑에서 하수들이 흔히 듣는 말이다. 상대방이 두는 대로 끌려 다니지 말라는 뜻이다. 일반적으로 하수들은 상수가 두는 곳을 무조건 받아주는 습관이 있다. 그러다 보면 상대방의 페이스에 말려들고 만다. 마치 비즈니스에서 남이 하는 대로 따라만 하다 한 번도 앞서나가지 못하는 것처럼 말이다.

쫓아가기만 해서는 앞서 나갈 수 없다는 것을 모르는 사람은 없다. 그런데 왜 남들이 하는 대로 좇아서 하는 사람이 많은 걸까? 사회심리학에서는 이것을 '동조현상'이라고 부른다. 우리나라와 같은 동양권 국가에서는 개인주의보다 집단주의적 문화를 갖고 있어 남이 하는 것을 따라 하는 경향이 강하다고 한다. 남이 하는 대로 따라 하지 않으면 집단에서 소외당할지 모른다는 두려움을 가지고 있는 것이다. 집단의 규범에 맞추려는 이러한 경향이 반드시 나쁜 것은 아니지만, 바둑이나 경영에서는 결코 바람직하지 않다. 상대방의 페이스에 말려들기 때문이다.

주도권을 잡아라

바둑에서는 '주도권(initiative)'이란 말을 자주 사용한다. 예를 들면 일본에서 벌어진 후지쓰배 세계대회의 속보를 전하면서 "이세돌, 요다 맞아 주도권 장악"과 같이 표현하고 있다. 이창호 9단의 ≪부득탐승≫에도 "거기에 휘말리면 나를 잃고 상대의 흐름에 이끌려 순식간에 국면의 주도권을 넘겨주게 된다"라고 적혀 있다.

이처럼 '주도권'이란 말을 흔하게 쓰는 것은 그만큼 바둑에서 주도권을 쥐는 것이 중요하기 때문이다. 손 따라 둔다는 것은 주도권을 잃는다는 말이다. 남이 어딘가를 둘 때 항상 응수해 주면 그 사람은 그곳에서 이익을 보고 또 다른 곳으로 이익을 찾아 떠난다.

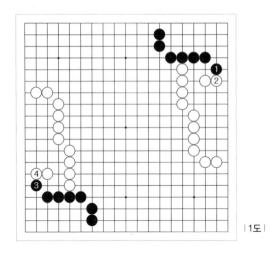

|1도|

[1도]의 흑1과 같은 수를 둔다고 하자. 흑1은 자기 집을 늘리며 백집을 줄이려는 수다. 이 수에 백2로 막아주면 보통이다. 그러나 이렇게 받아주면 흑은 손을 돌려 흑3마저 두게 된다. 백4까지 막는다면 흑집은 38집, 백집은 36집으로 흑2집 승이 된다.

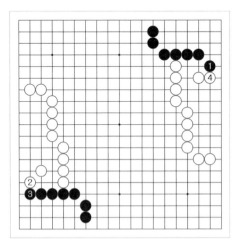

|2도|

•   정수현 9단의 고수경영

여기서는 흑1의 수에 백은 [2도]처럼 손을 빼 백2로 가는 것이 좋다. 만일 흑3에 맞아준다면 백은 손을 돌려 백4로 막는다. 쌍방의 집수를 세어보면 흑은 35집, 백은 40집으로 백 5집 승이 된다.

이 예를 보면, 흑의 수에 손 따라 받아주지 않고 다른 곳으로 손을 돌려 주도권을 잡는 편이 유리하다는 것을 알 수 있다.

돌을 버리더라도 선수를 잡아라

바둑에서는 주도권을 잡는 것을 '선수(先手)'라고 한다. 그리고 남이 두면 받아주는 것은 '후수(後手)'라고 한다. 가급적 선수를 잡아 주도적으로 판을 운영해 가는 것이 좋음은 말할 필요가 없다.

그래서 고수들은 선수를 잡으려고 애를 쓴다. 예로부터 내려오는 《위기십결》에 '기자쟁선(棄子爭先)'이라는 말이 있다. 바둑돌을 버리더라도 선수를 잡으라는 뜻이다. 얼마나 주도권이 중요하면 자기 돌을 버리면서까지 선수를 잡으라고 했을까.

바둑에서 이처럼 선수의 중요성을 강조하는 것은 주도권을 쥐고 있을 경우 그만큼 좋은 곳이나 유리한 곳을 선택할 권리를 갖게 되기 때문이다. 크고 좋은 곳이 있을 때 상대방보다 먼저 선택할 수 있다면 얼마나 좋은가!

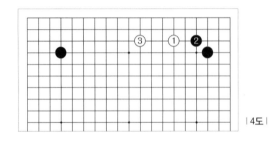

|4도|

　[4도]는 흑이 귀를 선점하고 있는 상황이다. 여기서 백1로 다가서면 흑2로 받아주고 백3에 벌리는 것이 정석이다. 정석이니까 흑과 백의 이익이 비슷할 것이라고 생각하기 쉽다. 그러나 자세히 보면 먼저 귀를 차지하고 있던 흑이 유리한 모양임을 알 수 있다. 흑은 귀에 10집 정도를 확보한 반면 백은 변에 5집 정도를 얻었고, 흑보다 엷은 모양이기 때문이다. 흑과 백이 똑같이 2수씩 소비했지만 양쪽의 수익은 같지 않다.

　이것은 흑의 기득권 때문이다. 흑이 먼저 귀를 차지하고 있었기 때문에 이득을 본 것이다. 기득권은 부정적인 의미로 많이 쓰이지만, 비즈니스의 축소판인 바둑판에서도 엄연히 존재하며 이익의 배분 등에 영향을 미친다. 그래서 바둑에서는 착수를 먼저 하는 흑의 기득권에 대한 보상으로 백에게 덤을 주어 승부의 균형을 맞춰준다.

　비즈니스의 세계에서도 주도권을 잡는 것이 중요하다. 주도권을 장악하고 있으면 그 분야의 선두주자가 될 수 있을 뿐만 아니라, 기득권이라는 프리미엄도 얻을 수 있다. 따라서 선점하는 것이 무엇보다 중요하다. 후발 업체가 선두 업체를 따라잡는 것은 새로운 시장을 개척하는 것보다 몇 배나 더 어렵다.

손 따라 두더라도

물론 남이 하는 대로 따라 하는 것이 무조건 나쁜 것은 아니다. 원래 사람은 타인의 행동을 따라하는 특성이 있다. 낯선 자리에 가서 어떻게 처신해야 할지 판단이 안 설 때 옆에 있는 동료가 하는 대로 따라 하면 무난하다.

때로는 남이 잘 하는 것을 따라하는 것이 미덕이 되기도 한다. 경영 분야에서 자주 쓰는 '벤치마킹'도 일종의 따라하기다. 벤치마킹이란 어떤 기업이 다른 기업의 제품이나 조직의 특징을 비교 분석하여 그 장점을 보고 배우는 경영 전략 기법을 말한다. 남이 잘 하는 것을 얼른 배워서 그대로 하면 많은 도움이 된다.

그렇지만 언제까지나 남이 하는 대로 따라만 하는 것은 문제가 있다. "모방은 창조의 어머니"라는 말이 있듯이, 어느 순간에는 자신의 것을 창조할 수 있어야 따라하기는 진정한 효력을 발휘한다.

회사생활도 마찬가지다. 상사가 시키는 대로만 해서는 자신은 물론 회사도 발전할 수 없다. 회사는 기계처럼 시키는 대로만 일을 하는 사람을 원하지 않는다. 그런 일이 필요하다면 사람 대신 기계를 썼을 것이다. 그 편이 훨씬 효율석이기 때문이나.

실존주의 철학자 사르트르는 사람을 '즉자(即自)'와 '대자(對自)'로 구분했다. 즉자는 길가의 돌멩이처럼 자신의 존재에 대한 의식이 없는 사람을 가리킨다. 반면에 대자는 자신의 삶을 자각하고 사는 사람을 가리킨다. 사르트로 식으로 말하면 남이 시키는 대로 따라만 하는 사람은 즉자적인 삶을 사는 사람이다. '나는 왜 회사에서 존재감이 없지?' 하는 생각이 드는 사람은 지금 내가 어떻게 일을 하고 있는지 되돌아 볼 필요가 있다.

정석
정석을 알면 세상이 쉽다

정석(定石)은 바둑에서 모범적인 착수로 이루어진 패턴, 즉 공식 같은 것이다. 좋은 바둑을 두기 위해서는 정석을 많이 알고 있어야 한다.

세상을 살아가는 데도 정석에 해당하는 지식이 있어야 한다. 삶의 노하우를 다루는 책에 '작업의 정석', '투자의 정석'과 같은 이름이 달려 있는 경우가 많은 것은 그만큼 정석이 중요하기 때문이다.

정석은 배우는 것도 중요하지만, 그것을 삶의 현장에 어떻게 활용하는가도 중요하다. 정석을 맹목적으로 외워 아무 때나 쓰는 것은 바람직하지 않으며 주변 상황 등 여건에 맞게 사용해야 한다.

정석을 모르고
덤벼들지 마라

"마케팅이론을 모르고 비즈니스 하는 것은 정석을 모르고 바
둑 두는 것과 같다."

벤처기업가로 성공해 대통령 후보에 올랐던 안철수 의원이 한 말
이다. 사업에 성공하기 위해서는 기본적으로 경영과 비즈니스에 관한
이론을 갖추어야 함을 강조하고 있다.

그런데 비즈니스를 하는 수많은 사람들 중 이 말에 공감하는 사람
이 몇이나 될까? 그리 많지 않을 것이다. 자영업자의 경우도 마찬가
지일 것이다. 우리나라 자영업자의 수는 7백만 명 정도라고 알려져
있다. 이중에서 마케팅 이론서를 한 번이라도 읽어보고 장사에 뛰어

든 사람은 많지 않을 것이다.

이에 비추어 볼 때 자영업자의 80%가 망한다는 사실은 어찌 보면 당연한 것 같다. 비즈니스의 ABC도 모르고 경쟁에 뛰어들었으니 어찌 성공할 수 있겠는가.

일반 사업가들도 마찬가지다. 보통의 사업가들은 다른 분야의 전문가들처럼 이론을 배운 뒤에 비즈니스를 하는 것이 아니라 사업현장에서 실무를 다루며 시작한다. 바둑으로 치면 책을 읽거나 레슨을 받지 않고 처음부터 실전대국을 하는 것과 같다. 그래서 실전경험에서 터득한 노하우를 경영이론보다 더 신봉하는 경향이 있다.

교사나 법률가, 디자이너 등의 전문가들은 먼저 이론 공부를 한 다음에 현장으로 뛰어드는데, 왜 비즈니스를 하는 사람들은 이론 공부를 하지 않고 곧바로 현장에 뛰어들까? 비즈니스에서는 전문성이 별반 필요 없다고 보기 때문일까? 이론은 이론일 뿐, 회사에 직접적인 수익을 가져다주지는 않는다고 생각하기 때문일까?

이론을 체화해야 성공한다

안철수 의원은 이런 생각이 잘못된 것임을 자신의 경험담을 통해서 일깨워 주었다. 그는 비즈니스에서 이론을 체화하는 것이 얼마나 중요한 것인지 《영혼이 있는 승부》라는 책에서 강조했다. 그는 자신이 벤처기업으로 성공할 수 있었던 비결이 비즈니스에 관한 이론을 공부한 덕분이라고 했다. 만약 마케팅이론을 몰랐다면 어려운 시기를 극복하지 못했을 것이라는 말도 덧붙였다.

그가 이론 공부의 중요성을 깨닫게 된 것은 대학시절 바둑을 배우면서부터였다. 그는 바둑을 배울 때 먼저 수십 권의 바둑책을 보는 것으로 공부를 시작했다. 이론적 토대를 쌓은 후, 실전에 뛰어든 지 얼마 되지 않았을 때는 크게 패했다. 그러나 대국을 거듭할수록 실력이 빠르게 늘었다. 이런 경험을 한 덕분에 비즈니스에서도 경영 이론을 알고 하는 것이 훨씬 유리하며 그래야 성공할 가능성이 높다고 강조한 것이다.

물론 이론이 만능은 아니다. 《전략의 신》의 저자 송병락 교수는 실전으로 터득한 이들의 무서움을 강조한다. 칭기즈칸은 글을 읽지 못했고, 마오쩌둥도 막싸움꾼과 다름없었으며, 현대그룹을 일군 정주영 회장도 정식으로 경영교육을 받아 본 적이 없다. 그럼에도 이들은 실전을 통해 스스로 터득한 전략으로 최고의 경지에 올랐다.

송병락 교수는 이런 예를 들며 정통으로 무술을 배운 사람은 상대에 상관없이 배운 방식대로 싸우려고만 한다는 점을 지적한다. 맞는 말이다. 실전 경험이 없는 이론가들 역시 문제가 많다. 하지만 이론을 지닌 전문가가 실전까지 겸비한다면 이론만 알거나, 실전만 중시하는 사람들보다 훨씬 뛰어날 것은 자명한 사실이다.

그리고 예로 든 실전파들은 오랜 경험을 통해 자신만의 이론을 터득했다고 봐야 한다. 사람들은 굳이 책을 통하지 않더라도 살아가면서 이런저런 정석(지식이나 노하우)을 접하게 되고, 실전을 통해 자신만의 이론을 정립한다.

이론을 모르면 실력이 늘지 않는다

　세상일을 이론적으로 접근하는 것이 어떤 효과가 있는지 바둑을 통해서 알아보기로 하자. 경영이론을 모르고 비즈니스를 시작하듯이, 바둑팬 중에도 정석과 이론을 배우지 않고 실전에 바로 뛰어드는 이들이 많다. 이렇게 실전대국으로 실력을 쌓은 사람은 책을 많이 본 이론형에 비하여 대마싸움에 강하고 임기응변에 능한 경우가 많다. 실전에서 벌어지는 다양한 상황에 대한 대처가 빠른 것이다. 그 대신 바둑돌의 능률성이나 모양에 대한 상식이 부족하다는 평을 받기도 한다.

　예를 들이 [1도]를 보면 흑1로 백 한 점이 단수[2]가 된 상태이다. 이에 대해 실전파들은 잡히지 않으려고 백A로 두기 쉽다.

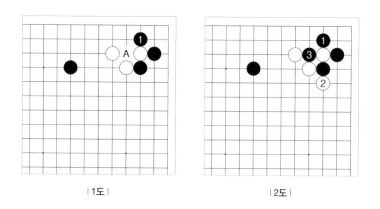

| 1도 |　　　　| 2도 |

---

2) '단수(單手)'는 한 수만 더 두면 상대방 돌을 잡아서 따낼 수 있는 상태.

그러나 바둑이론을 아는 사람은 그렇게 두는 것이 '빈삼각'이란 나쁜 모양이 되며, 백돌이 무거워져서 좋지 않다는 것을 안다. 이 경우 돌의 모양이 비능률적인 데다가 집 없는 떠돌이 신세가 될 가능성이 높다.

그래서 이론파들은 [2도]처럼 백2에 두어 한 점을 버리는 방법을 택한다. 돌의 능률성을 올리기 위해 자기 돌 한 점을 버리고 다른 가치를 추구하는 것이다.

이 모양은 실전파와 이론파의 차이를 보여주는 예인데, 이와 비슷하게 실전파들이 이론을 몰라 잘못된 수를 둘 가능성은 무수히 많다.

실력을 늘리는 데 실전경험처럼 좋은 방법은 없다. 하지만 일정한 수준을 넘어서면 실전으로만 터득한 사람은 더 이상 실력이 늘지 않는다.

마케팅의 기본정석

비즈니스에서도 이론적 지식이 중요함은 말할 필요가 없다. 마케팅의 기본정석인 "돈을 좇으면 고객은 달아난다. 그러나 고객을 따라가면 돈은 저절로 따라온다"는 말을 생각해 보자. 비즈니스는 고객 쟁탈전이며 그 출발점은 고객의 니즈라는 점을 보여주는 말이다.

예컨대 보험이나 건강보조식품 세일즈 분야를 보면 인맥을 동원해서 상품을 떠맡기다시피 하는 일이 비일비재하다. 이들은 고객이 필요로 하고 원하는 상품인지를 고려하지 않고 어떻게든 구매하도록 종용한다.

이러다 보니 고객들은 이런 상품과 마케터들에게 부정적인 생각을 갖게 된다. 상품의 기획 의도는 미래의 안정되고 건강한 삶을 위한다는 것이지만 소비자의 입장에서는 그저 피하고 싶은 상품이 되고 마는 것이다.

이들은 "마케팅이란 세일즈를 불필요하게 하는 것"이라는 피터 드러커의 말을 깊이 새겨들을 필요가 있다. 이들이 고객의 특성에 따른 상품을 추천해 주고 어떤 특징이 있는지 자세히 알려주었다면 고객이 자발적으로 상품을 구매했을 것이다.

이론적 지식은 그 분야에 고유한 사고방식과 개념을 알게 하는 효과도 있다. 예를 들어 마케팅에서 시장세분화, 타깃마켓, 포지셔닝 등의 개념을 알게 되면 비즈니스 자체에 대한 이해도가 높아진다. 바둑에서도 바꿔치기, 탄력성, 뒷맛, 사석전법, 성동격서 등과 같은 개념을 알게 되면 바둑에 대한 이해가 더 깊어진다. 이해가 깊어지면 응용력도 높아진다. 따라서 실전파보다 적은 경험으로도 다양한 상황에 대한 대처가 가능해진다. 바로 이것이 정석의 힘이다.

감당할 수 있는
정석을 써라

바둑을 둘 때 실력이 약한 하수가 고수의 수법을 쓰려고 하면 어떻게 될까? 아마도 바둑을 망칠 확률이 높을 것이다. 고수의 수법을 쓸 정도의 내공을 갖추고 있지 않기 때문이다. 이는 라면이나 겨우 끓여 먹을 수 있는 사람이 양장피나 깐소새우 같은 요리를 만들려고 하는 것과 같다.

이런 점에서 하수가 자기 능력을 고려하지 않고 고수의 수법을 쓰려고 하는 것은 바람직하지 않다. 그럼 어떻게 해야 할까? 하수는 하수에게 맞는 정석을 쓰면 된다.

하수처럼 두어도 한 판이다

고수처럼 복잡하고 고급스런 수법을 구사하는 것이 반드시 좋은 것은 아니다. 하수처럼 간명하게 두어도 충분히 의미 있는 한 판의 바둑이 된다. 실제로 고수 중에는 실력이 있음에도 하수처럼 평이하게 두는 이들이 있다. 일본의 다카가와 가쿠 9단이 대표적이다.

다카가와 9단은 하수처럼 평범하게 두는 것으로 유명했다. 남이 크게 집을 지어도 그 곳에 깊숙이 침입하여 재주를 부리지 않고 적당한 선에서 삭감하며 알기 쉽게 두어 나갔다. 그런데 이렇게 평이한 수를 두어도 다카가와 9단은 좋은 성적을 냈다. 일본에서 가장 전통 있는 기전인 혼인보전에서 타이틀을 9기 연속 차지한 적도 있다. 또한 50대의 나이에 최고 타이틀인 명인을 쟁취하기도 했다.

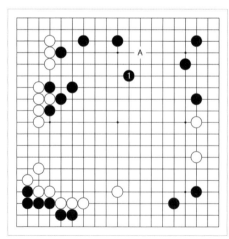

|1도|

정수현 9단의 고수경영

[1도]는 다카가와 9단이 린하이펑 명인에게 도전했을 때 둔 한 판이다. 린하이펑이 흑1로 상변에 커다란 집모양을 펼쳤다. 이곳 흑진이 엄청나게 크다. 이 흑진에 대해 '면도날'로 불린 사카다 9단은 백A로 파고들어 흑진을 깨뜨려야 한다고 했다. 그러나 다카가와는 그렇게 두지 않았다.

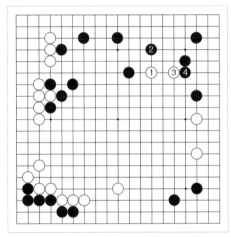

| 2도 |

[2도]에서처럼 다카가와 9단이 둔 수는 밋밋하게 위에서 백1로 깎는 수였다. 욕심을 부리지 않고 평이한 수로 대응한 것이다. 그러자 흑2로 받아 상변 흑집이 크게 굳어졌다. 누가 봐도 백이 너무 싱겁게 두었다고 생각할 것이다.

그런데 이 바둑의 결과는 어떻게 되었을까? 놀랍게도 평이하게 둔 다카가와 9단의 여덟 집 승리였다. 여덟 집이라면 아주 여유 있는 승리다. 평범하게 두어도 이길 수 있다는 것을 보여준 한 판이었다.

알기 쉬운 정석을 써라

그렇다면 하수가 써야 할 정석은 어떤 것일까? 일단 복잡하고 난해한 것은 하수의 정석이 아니다. 그런 정석을 쓰면 제 풀에 지쳐 망하는 길을 걷게 된다. 그러므로 하수는 '간명한' 정석을 써야 한다.

바둑에서는 '간명하다'는 표현과 함께 '알기 쉽다'는 표현도 많이 쓴다. 자신이 이해할 수 있는 알기 쉬운 수를 두는 것을 권장한다. 이것이 하수에게는 특히 중요하다.

하수는 지식이 짧고 경험도 부족하다. 그렇기 때문에 어렵고 복잡한 것으로 승부를 하면 힘이 들 수밖에 없다. 최대한 단순한 방법으로 접근해야 한다. 그렇게 해서 자신이 이해할 수 있는 수들로 풀어 나가야 한다.

단순하게 구성하는 것은 사실 고수에게도 나쁘지 않다. 앞에서 다카가와 9단의 사례를 보았는데, 고수가 단순한 구성을 보여준다고 해서 품격이 떨어지는 것은 아니다.

경영이론도 마찬가지다. 투자 포트폴리오 전략을 설명한 보스턴그룹의 모델은 시장점유율과 시장성장률이라는 두 가지 변수를 결합하여 회사의 유형을 '스타', '문제아', '현금젖소', '개'의 네 가지로 간략하게 분류한다.

		상대적 시장 점유율	
		높음	낮음
시장 성장률	높음	스타 star	문제아 problem child
	낮음	현금젖소 cash cow	개 dog

| 3도 | BCG그룹의 성장 · 점유율 매트릭스

이들은 이렇게 단순한 매트릭스로 투자 대상과 방법을 결정한다. 현금을 많이 벌어들이는 현금젖소의 자금을 끌어다 문제아에게 투자를 하는 것이 좋다는 식이다. 이 단순한 모델이 미국기업인들의 마음을 끌었음은 두 말할 나위도 없다.

난전의 명수는 간명한 정석을 좋아한다

애기가 나온 김에 한 가지 더 소개하려고 한다. 일반적으로 바둑에서 전투에 자신이 있는 사람은 복잡한 정석과 수법을 선호한다. 국면이 복잡해지고 어려워지면 자신이 유리하다고 보기 때문이다. 그러나 전투에 자신이 있으면서도 간명한 수법을 선호하는 사람도 있다.

사카다 에이오 9단이 대표적인 인물이다. 사카다 9단은 상대방의 폐부를 찌르는 듯한 예리한 수를 자주 두어 '면도날'이라는 별명이 붙었다. 이러한 사카타를 무서워하지 않는 기사가 없었다.

그런데 시간이 흐른 후, 사카다 9단은 복잡한 정석을 좋아하지 않는다고 술회했다. 그는 복잡한 정석의 대명사로 알려진 '대사정석'을 피하는 작전을 자주 썼다고 했다. 난전으로 들어가기보다는 간명하게 처리하는 정석을 선호했던 것이다.

사카다 명인 같은 대고수가 하수처럼 평범한 정석을 좋아한다니 좀 의외일 것이다. 최고 영역에 오른 고수들이니 수가 약해서 알기 쉬운 수법을 쓴 것이 아님은 분명하다. 이들이 평범한 수를 택하는 것은 리스크를 줄이기 위함이다. 아무리 고수라고 해도 난전에서는 자신의 의도대로 바둑을 두는 것은 어려운 일이다.

이처럼 고수도 되도록 쉬운 길을 가려고 하는데, 하수가 굳이 어려운 길을 가려고 할 필요는 없다. 바둑이든 경영이든 자신의 능력으로 해석이 가능하고 운용도 가능한 정석을 택하는 것이 현명하다.

최신 정보를 수집하고
분석하라

기업의 능력을 높이기 위해서는 조직 구성원들이 끊임없이 기술을 개발하고 경영과 관련된 능력을 신장시켜야 한다. 현재 가지고 있는 능력과 자원만 가지고 경쟁을 하는 기업은 조만간 업계에서 퇴출될 가능성이 높다.

조직도 학습이 필요하다는 생각은 경영 분야에 이미 널리 퍼져 있다. 그래서 많은 경영자들은 이른 아침부터 조찬강연회에 나가 새로운 지식과 정보를 얻으려고 귀를 기울인다. 또한 직원들에게 교육 프로그램을 제공하고 강사를 초청해 전문성을 높이려고 한다.

바둑고수들도 기술력을 향상시키고 경쟁력을 유지하기 위해 여러 가지 방법으로 공부한다. 여기에서는 그중에서 가장 기본이 되는 신기술 정보 수집방법을 살펴보겠다.

신기술 정보를 구하라

프로기사들은 대부분 새로운 기보를 살펴보는 것을 중요시한다. 프로들의 중요한 시합 기보는 신문, 잡지, 인터넷 등 다양한 매체를 통해 전달된다. 새롭게 나오는 고수들의 기보에는 신기술과 새로운 전략 등이 담겨 있다. 이렇게 나오는 새로운 기보를 검색하고 분석해서 새로운 기술을 익히는 것이다.

인터넷이 일반화되기 전에는 자료를 쉽게 구할 수 없었기 때문에 바둑계의 총본산인 한국기원에서 오프라인으로 기보를 수집했다. 그리고 일본 등 해외의 기보는 주간지나 월간지를 통해 입수했다. 또한 매년 나오는 일본기원의 《위기연감》을 구입하기도 했다. 이 연감에는 1년간의 주요한 기보가 수백 국 담겨 있는데 이 기보들을 공부하며 새로운 기술을 익히는 것은 프로기사들의 의무와도 같은 일이었다.

신기술 정보가 얼마나 중요한지를 보여주는 에피소드가 있다. 조훈현 9단과 서봉수 9단이 바둑계의 정상을 놓고 자웅을 결하던 시절 서봉수 9단은 항상 초반 포석에서 어려움을 느끼곤 했다. 조훈현 9단이 당시 바둑 선진국이었던 일본에서 나오는 신기술 정보를 재빨리 입수하여 실전에 응용했기 때문이다. 신상품처럼 나오는 신정석에 대해 잘 모르면 초반 포석설계에 곤란을 겪게 된다.

조훈현 9단이 이처럼 신기술 정보를 빨리 입수할 수 있었던 것은 어린 시절 일본에서 바둑유학을 한 덕분이다. 일본에 연고가 있었고 일본어 해독 능력이 있었으니 이러한 배경이 없는 다른 기사들보다 유리했을 것은 두 말할 필요가 없다.

서봉수의 신기술 무력화 전략

신기술 정보 획득에서 불리를 통감한 서봉수 9단은 비상한 전략을 생각해 냈다. 그것은 바로 흉내 내기 전략이었다.

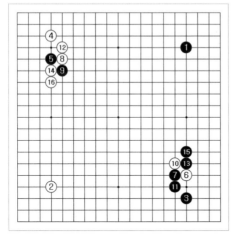

|1도|

[1도]는 중앙일보에서 주최한 왕위전의 도전시합이다. 백을 쥔 서봉수 9단은 상대방이 두는 대로 따라서 ~~두는~~ 흉내바둑 포식을 진개하

였다. 흉내바둑을 두면 팬들로부터 조롱을 받기 쉽다. 자신의 생각에 따라 두지 않고 원숭이처럼 상대방의 수를 흉내 내는 것을 좋게 볼 사람은 없을 것이다.

이러한 부담을 무릅쓰고 서봉수 9단이 흉내바둑을 시도한 것은 조훈현 9단의 일본판 신기술 활용을 무력화하기 위해 고심 끝에 나온 전략이었다. 이 전법은 주효했다. 상대가 자신이 두는 수를 그대로 따라서 두니 조훈현의 신정석은 힘을 발휘할 수 없었다.

서봉수 9단은 이렇게 초반을 넘긴 후 자신의 특기인 전투력을 발휘하여 난적 조훈현을 누르고 타이틀을 거머쥐었다. 서봉수 9단의 별명은 '야전군 사령관'이었다. 어떤 사람은 '순국산'이나 '된장바둑'이라고도 불렀다. 신기술 정보가 아닌 자신의 힘만으로 싸우는 야전에서는 서봉수가 조훈현에게 밀리지 않았다. 하지만 이후 서봉수 9단은 흉내 내기 전략을 거의 쓰지 않았다. 팬들의 질책이 무서웠기 때문이다.

정상급 고수인 서봉수 9단이 극약처방과 같은 흉내바둑으로 신기술 정보를 차단하려고 고심했던 에피소드는 그만큼 신기술 정보가 무섭다는 것을 보여준다.

신기술 정보 습득법

이처럼 신기술 정보가 중요한 이유는 경쟁자가 새로운 기술을 사용하는데 이쪽은 모르고 있으면 경쟁에서 뒤지게 되기 때문이다. 특히 중요한 시합에서 자신이 모르는 새로운 수가 출현했을 때 크게 당황하게 된다.

필자도 예상치 않은 신수(新手)를 당해 곤란했던 경험이 있다. 이런 신수는 기존의 상식에서 벗어난 기술인 경우가 많아 심리적으로 당황하게 되고 대응에 어려움을 느끼게 된다. 따라서 사전지식이 없이 현장에서 신기술을 만나게 되면 곤혹스러울 수밖에 없다.

프로기사들은 신기술 정보가 얼마나 중요한지 잘 알기 때문에 월간 잡지 등에 발표되는 연구보고서를 빼놓지 않고 읽는다. 예전에는 일본에서 나오는 신기술들을 입수해서 연구했지만, 한국이 세계 바둑강국으로 올라선 지금은 오히려 다른 나라에서 우리의 신기술을 습득하고 연구하는 경우가 많아졌다.

바둑과 마찬가지로 신기술 정보 습득이 중요한 기업에서는 바둑 분야의 신기술 정보 습득법을 응용해 보는 것도 좋을 것이다. 이는 다음과 같다.

첫째, 신기술 정보를 매주 검색하여 수집하고 분석하라.
둘째, 신기술에 관한 전문가의 연구보고서나 발표를 놓치지 마라.
셋째, 기술강국의 관련 자료를 연구하라.

정석에
얽매이지 마라

바둑에는 기술과 마음가짐에 관한 격언이 상당히 많다. 모두 합하면 100개 정도 된다. 기술적 지식을 격언으로 전달하는 것은 바둑 분야의 독특한 교수법이다.

이런 격언 중에 '정석'이란 말이 들어간 격언이 딱 하나 있다. "정석은 외운 다음 잊어버려라"라는 격언이다. 어렵게 외운 정석을 왜 잊으라는 걸까? 정석을 공부하되, 정석에 너무 묶여 있어서는 안 된다는 것을 강조하기 위해서이다.

정석은 외운 다음 잊어버려라

정석은 모범적인 수순으로 이루어진 공식과 같은 것이다. 그렇지만 정석이라고 해서 무조건 맹신하다가는 낭패를 당할 수 있다. 바둑뿐만 아니라 세상의 모든 문제들은 다양한 변수를 가지고 있어서 정석이 상황에 들어맞지 않을 수도 있는 것이다.

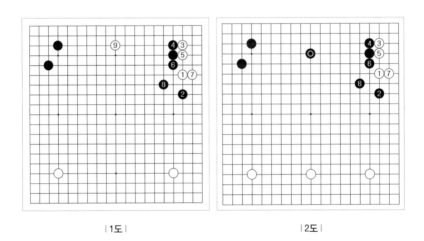

| 1도 | | 2도 |

[1도]처럼 백1로 다가올 때 흑2로 협공하여 흑8까지 둔다고 하자. 이 모양은 유명한 정석이다. 그런데 [1도]의 상황이라면 백이 선수(先手)를 잡아 백9의 곳을 점령하게 된다. 이렇게 되면 오른쪽의 든든한 흑돌이 무의미해지게 된다.

이 정석은 [2도]처럼 상변에 흑돌◉이 있을 때 쓰는 것이 올바르다.

흑8까지의 흑 세력(튼튼함)과 상변 흑돌이 잘 어울리며 커다란 진을 형성하게 되어 흑이 나쁘지 않다.

이 예는 똑같은 정석이라도 어떤 상황에서는 좋지만, 어떤 상황에서는 좋지 않을 수도 있다는 것을 보여 준다. 정석이라고 해서 언제나 통용되는 것은 아니라는 얘기다.

그렇기 때문에 정석을 맹목적으로 외워 아무 때나 써먹는 것은 오히려 해가 될 수 있다. 그럴 바엔 차라리 정석을 모르는 편이 낫다. 정석을 모른다면 스스로 생각하여 대응할 것이기 때문이다.

정석을 외우고 나서 잊어버리라는 말은 결국 정석을 상황에 맞게 사용하라는 의미다. 넓게 보면 어떤 이론이나 지식을 상황에 맞추어 써먹으라는 뜻이기도 하다.

경영이론 역시 마찬가지다. IT 업계에서 시장을 선점하는 것이 유리하다는 것은 상식으로 통한다. 그러나 이는 어디까지나 정석이고 원칙일 뿐이다. 상황에 따라서 얼마든지 달라질 수 있다. 예를 들어 삼성의 경우 "신속한 2등 전략(Fast Second)"을 통해 애플이 선점하고 있던 스마트폰 시장에 성공적으로 진입했다. 한마디로 '선점'이라는 정석을 '신속'이라는 형태로 상황에 맞게 적용하여 시장 진입에 성공을 거둔 것이다. 이처럼 상황에 맞게 경영이론을 적용하는 것이야말로 경영 고수로 가는 지름길이라 할 수 있다.

사활
바둑에서 배우는
생존의 법칙

"사느냐 죽느냐 그것이 문제로다."

햄릿의 독백처럼 바둑에서는 무엇보다도 사활이 중요하다. 삶이 보장되지 않고서는 수익이고 뭐고 논할 수가 없기 때문이다.

그래서 바둑기술 분야에서는 '사활묘수풀이'라는 영역이 특별히 부각되어 있고, 사활에 관한 수많은 귀수(鬼手), 묘수들이 알려져 있다. 《현현기경》 등 예로부터 전해오는 사활고전도 여러 권 있다.

기업도 사활의 급소를 아는 것이 무엇보다 중요하다. 새로 시작한 사업이 궤도에 오르지 못했는데도 성공했다고 착각하거나, 반대로 조금만 더 힘을 쏟으면 성공할 수 있는 사업을 죽었다고 생각해서 포기하는 경우가 생겨서는 안 되기 때문이다.

위기는
소리 없이 찾아온다

한국인은 위기가 닥쳤을 때 이를 극복하는 능력이 매우 뛰어나다. 외환위기 때 너도나도 장롱 속에 넣어둔 금을 모아 위기를 극복한 것이나 태안 기름 유출 사건 때 수많은 자원봉사자들의 도움으로 바다를 살려낸 것이 좋은 예다.

이처럼 한국인은 위기가 닥치면 극복해 내는 능력이 탁월하지만, 위기가 닥치기 전에 대비하는 능력은 취약한 편인 것 같다. 위기가 발생한 뒤 수습을 하는 것은 위기관리 측면에서 보면 가장 하책에 속한다.

바둑에서는 사건이 터진 다음에 해결하는 것보다는 미리 위기를 관리하는 방법을 적극 권장한다. 위기가 닥치면 상당한 피해를 입는 것은 불을 보듯 뻔하고 경우에 따라서 회복 불능이 될 수도 있기 때문이다.

최고의 위기관리는 거안사위

바둑에서나 인간의 삶에서 위기관리의 최고 방법은 '거안사위(居安思危)'다. 평안할 때 위기를 생각하라는 뜻으로, 《좌씨전(左氏傳)》에 나오는 말이다.

중국 춘추전국시대에 진나라 왕 도공(悼公)이 전쟁에서 크게 공을 세운 충신 위강(魏絳)에게 큰 상을 주려고 하자, 위강은 이렇게 말했다.

> "폐하께서는 생활이 편안하면 위험을 생각하고, 그렇게 생각하며 준비를 갖추어야 화를 면할 수 있다(居安思危 思則有備 有備無患)는 이치를 받아들이시기 바랍니다."

이 말처럼 어떤 일이든 잘 나갈 때 위기를 생각하고 대비한다면 갑작스런 위기사태로 허겁지겁하는 일은 없을 것이다.

거안사위의 예를 보자. 성경 창세기에는 요셉의 이야기가 나온다. 형들의 질투로 이집트에 노예로 팔려간 요셉은 주인집 아내의 유혹을 거절하다가 누명을 쓰고 감방에 가게 되었다. 감옥생활을 하던 중 요셉은 국왕인 파라오의 꿈을 해석해 주게 된다. 여윈 암소 일곱 마리가 살찐 암소 일곱 마리를 잡아먹고, 말라비틀어진 이삭 일곱 개가 잘 여문 이삭 일곱 개를 삼켜 버리는 꿈이었다. 요셉은 7년간 풍년이 든 후 7년간 흉년이 들 것이라고 해몽했다.

파라오는 요셉에게 국정을 맡겼고, 요셉은 풍년이 든 7년간 열심히 곡식을 비축하였다. 예상대로 다음 7년 동안 기근과 가뭄으로 흉년이 들었고 이웃나라에서는 굶주린 사람들이 속출했다. 그러나 이집트인들은 미리 대비해 둔 식량 덕분에 위기를 넘길 수 있었다.

이 이야기는 형편이 좋을 때 위기상황에 대비하는 것의 중요성을 잘 보여준다. 요셉은 흉년에 대비하여 곡식을 축적했기 때문에 위기를 수월하게 극복할 수 있었다.

이와는 달리 우리는 거안사위를 제대로 하지 못하여 수난을 당한 적이 적지 않다. 조선 선조 때 율곡 이이가 왜군의 침략에 대비하여 십만양병설을 주장했으나, 조정에서는 받아들이지 않고 대비를 하지 않았다가 임진왜란을 겪게 되었다. 또한 구한 말 서구열강들이 신무기로 무장하고 침략을 하던 때 대원군은 경복궁을 재건하는 데 주력하다가 신무기를 도입하지 못하고 망국의 계기를 만들었다. 당시 조정에서는 미국을 화성돈(워싱톤)이란 사람이 성을 쌓아 만든 일개 부락으로 생각했다고 한다. 선조나 대원군이 거안사위로 위기관리를 제대로 했다면 나라의 상황과 역사가 크게 달라졌을 것이다.

오늘날에도 거안사위가 중요함은 말할 필요가 없다. 노키아는 1990년대부터 2000년대 중반까지 휴대폰 시장의 절대강자였다. 그런데 2007년 아이폰이 세상에 선을 보인 이후 급속도로 몰락하고 말았다. 여기에는 여러 가지 원인이 있겠지만, 가장 큰 원인은 경영진이 시장 판도의 변화를 너무 안일하게 생각했기 때문이다.

아이폰이 출시될 당시에도 노키아의 CEO는 "오직 노키아만이 표준"이라며 대수롭지 않게 생각했다. 그러나 아이폰은 휴대폰 시장의 새로운 표준으로 급부상했고 노키아는 아이폰 등장 후 2년 만에 애플에게 1위 자리를 내주고 말았다. 당황한 노키아는 2010년에 뒤늦게 스마트폰 시장에 뛰어들었지만, 삼성과 애플의 벽을 넘지 못하고 2013년에 마이크로소프트에 헐값으로 매각되고 말았다. 노키아가 스마트폰 시장을 선점하지는 못했더라도 아이폰이 출시되었을 때 위기감을 느끼고 대책을 세웠다면 몰락하는 일은 없었을 것이다.

바둑의 거안사위 전략

위기관리가 중요한 것은 바둑에서도 마찬가지다. 위기관리를 잘못하면 언제 무너질지 모른다. 따라서 바둑에서 사용하는 위기관리 방법은 대부분 거안사위 전략이다. 주요한 몇 가지를 보면 다음과 같다.

- 미생마를 함부로 만들지 않는다.
- 대마의 안전을 수시로 체크한다.

- 대마를 탄력 있는 모습으로 만든다.
- 미생마에 악영향을 줄 상황을 피한다.

대마(大馬)와 미생마(未生馬)는 바둑돌을 움직이는 말에 비유한 것으로 대마는 큰 무리의 돌을 뜻하며, 미생마는 아직 살아있지 않은 돌을 가리킨다. 매스컴에 가끔 나오는 "대마불사의 신화가 무너졌다"는 말처럼 종종 대마는 대기업을 일컫기도 한다.

대마가 쓰러지면 큰 피해를 입어 판세를 유지하기가 어려워지고, 피해 규모가 너무 클 경우 돌을 던져야 한다. 따라서 대마의 안전을 잘 관리하는 것이 위기관리의 핵심이다.

위기관리 방법 중 첫째는 미생마를 함부로 만들지 않는다는 것이다. 이것은 위기의 원인을 가급적 만들지 말라는 뜻이다.

둘째, 대마의 안전을 수시로 체크하라는 것은 상황의 변화에 따라 안전이 위협받는지를 검토하라는 뜻이다.

셋째, 대마를 탄력 있게 만든다는 것은 위기가 닥쳤을 때 어렵지 않게 타개할 수 있는 상태로 만들어 두는 것을 말한다. 무겁고 비대한 대마는 위기가 왔을 때 맥없이 무너지기 쉽다.

넷째, 미생마에 나쁜 영향을 끼칠 상황을 피한다는 것은 위험 요인이 가시화되지 않도록 한다는 것이다. 바둑격언에 "미생마 근처에서 싸우지 마라"는 말이 있는데, 위험 요인이 있는데도 무신경하게 일을 벌이다가 사고가 발생하는 상황을 피하라는 의미다.

바둑에서 추천하는 위기관리의 요령을 다음과 같이 기업조직에도 적용할 수 있다.

- 변동성이 큰 프로젝트를 함부로 하지 말라.
- 핵심사업의 안전을 수시로 점검하라.
- 위기가 발생하더라도 해결 가능한 상태로 만들어두라.
- 안전에 악영향을 줄 상황을 피하라.

바둑의 고수든 하수든 이러한 원칙을 모르고 있지는 않다. 그런데 왜 하수들은 수시로 대마가 쓰러지는 참혹한 일을 당하는 것일까. 물론 고수라고 해서 위기를 겪지 않는 것은 아니다. 다만, 위기를 감지하는 능력이 하수보다 뛰어날 뿐이다. 위기를 만들지 않는 것이 가장 상책의 방법이지만, 불가피하게 위기가 닥칠 경우 이를 미리 감지하고 대비하는 것도 중요하다.

위기는 갑자기 다가오기도 하지만, 대부분 먼저 위험신호를 보내는 경우가 많다. 지진해일이 일어나기 전 쥐들이 산으로 이동을 하는 것은 위험신호를 감지했기 때문이다. 그러므로 앞서 말한 위기관리 방법을 몸에 배도록 한다면 위기를 막을 수 있을 뿐만 아니라 위기의 징후를 알아차리고 미리 대비할 수 있다.

대마를
무겁게 만들지 마라

바둑에는 다양한 용어들이 있는데, 그중에 '무겁다'는 말이 있다. '무겁다'의 반대는 '가볍다'이니 당연히 '가볍다'는 말도 있다.

바둑 두는 사람들은 이 둘 중 어느 쪽을 선호할까? 일반적으로 가볍다는 것은 행동거지가 경박한 것을 뜻하므로, 무거운 것을 좋아할 것이라고 생각하기 쉽다. 그러나 바둑에서는 그 반대다. 무거운 것을 좋아하지 않으며, 심지어 금기로까지 여긴다.

"그거 무거운 수인데."

"대마가 무거워져서 부담스러워."

이런 식으로 '무거움'은 바람직하지 않은 뜻으로 쓰인다. 바둑에서는 무거운 행마도 금기시하지만, 무엇보다도 대마가 무거워지는 것을 극도로 꺼린다.

탄력 있는 돌로 만들어라

바둑 두는 사람들에게는 조직을 운영하는 경영자처럼 항상 몇 가지 걱정거리가 있다. '바둑판의 형세가 나빠지지 않을까', '큰 문제없이 살림을 꾸려갈 수 있을까', '예기치 않은 실수를 하지 않을까' 등이다.

그중에서 가장 큰 걱정거리는 자기 돌의 안전이다. '쫓기는 돌이 잡히지 않으려면 어떻게 해야 하나?', '혹시 상대방에게 불의의 습격을 당해서 대마가 두 조각나지는 않을까?', '적진에 침입한 돌이 과연 무사히 살아나올 수 있을까?'와 같은 생각이 대국 내내 머릿속에서 떠나지 않는다.

바둑에서 아직 삶을 확보하지 못한 바둑돌을 '미생마(未生馬)'라고 한다. 바둑에서는 미생마를 관리하는 기술에 관한 내용이 상당히 많다. 그중 한 가지는 "탄력 있는 돌로 만들라"는 것이다. 공격을 받아도 다양한 생존 가능성이 있는 돌로 만들라는 뜻이다.

무거운 돌과 탄력 있는 돌을 한 번 비교해 보자.

[1도]를 보면 백1에 흑2로 응하여 백5까지 진행된 모양인데, 흑돌이 작대기처럼 길게 이어졌으나 무거운 모습이다. 덩치는 커져 있지만 한 집도 없어 살기가 쉽지 않은 모양이다. 주변에 백돌이 있어 흑은 공격당할 가능성이 많다.

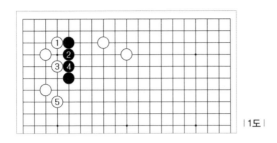

|1도|

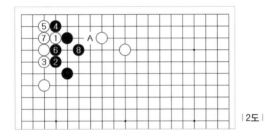

|2도|

이에 비해 [2도]의 흑은 2에서 8까지 호구 모양을 만들었다. 이 흑돌은 집모양이 있고 당장이라도 A에 두면 살 수 있는 탄력성을 갖고 있다. 이런 모양을 "안형(眼形)이 풍부하다"라고 한다. 안형이란 살기 위한 최소한의 집을 말하는데, 안형이 풍부하다는 것은 이런 집을 내고 살 수 있는 여지가 많다는 뜻이다.

이렇게 탄력성을 갖고 있으면 유사시 위기를 벗어나는 데 도움이 된다. 그래서 고수들은 자신의 돌을 탄력 있게 만들려고 애를 쓴다.

기업 역시 조직을 탄력 있는 모습으로 만드는 것이 중요하다. 신속한 의사결정이 필요한 부서가 복잡한 의사결정 체계를 가지고 있으면 위기 상황에 대처하기 어렵다.

기업의 다이어트, 구조조정

바둑의 대마와 마찬가지로 기업도 무거워지면 좋지 않다. 무거워지진다는 것은 중복 투자와 불필요한 부서나 인력이 있다는 것을 말한다. 이런 조직은 비용도 많이 들어가고, 라인도 길어져서 의사전달이 원활하지 못하다. 결과적으로 생산성이 낮아져서 기업이 위기에 처할 가능성이 있다.

무거워진 조직은 조그마한 위기에도 무너지기 쉽다. 이때 기업을 살리기 위해 흔히 쓰는 방식이 '구조조정'이다. 경영자로서는 괴로운 선택이지만, 무거워진 대마의 몸무게를 조정하지 않고서는 희망이 없으니 부득이한 일이다.

이렇게 구조조정을 해서 몇 년 후 살아난 기업이 있다. 일본의 JAL항공이다. 비효율적인 시스템, 정부 낙하산, 무리한 노선 확대 등의 원인으로 천문학적인 적자를 안게 된 JAL은 2010년 법정관리를 신청하게 됐다. 이때 직원 4만8천 명 중 1만6천 명을 내보내는 대규모 구조조정을 단행했다.

악역을 맡은 오니시 마사루 회장(당시 사장)은 이렇게 하지 않고서는 거대하고 육중한 대마가 살기 어렵다고 판단했다. 오니시 회장은 한 언론과의 인터뷰에서 "남은 3만2천 명 모두 그만 둔 선배에게 미안한 마음을 갖고 '절대 이 회사를 망하게 해서는 안 된다. 반드시 부활을 성공시키지 않으면 안 된다'는 각오를 다지게 됐습니다. 가장 중요한

정수현 9단의 고수경영

것은 그것이었다고 생각합니다."라고 말했다.

　이렇게 몸집이 큰 대마를 날렵하게 만들기 위해 구조조정하는 것은 어쩔 수 없는 방법이다. 하지만 함께 일하던 직원을 내보내는 것은 괴로운 일임에 틀림없다. 따라서 대마가 무거워지기 전에 예방하는 것이 현명하다. 조직이 무거워지는 조짐이 보이면 미리 손을 쓰라는 얘기다.

양곤마는
쌍코피 터지는 격

한꺼번에 두 가지 위기가 터진다면 어떻게 될까? 한 가지 위기를 극복하기도 힘든데, 두 가지가 밀어닥친다면 도저히 손을 쓸 수 없게 될 수도 있다.

위기가 한꺼번에 닥치는 상황은 바둑으로 치면 '양곤마(兩困馬)'에 비유할 수 있다. 곤마란 '까딱하면 목숨이 위태로워질 수도 있는 일군의 바둑돌'을 말한다. 이런 곤마가 두 개나 있다면 바둑이 어려워진다. 둘 중 하나는 쓰러질 가능성이 높다.

양곤마는 무사하기 어렵다

바둑에서 고수들의 위기대처방식은 다양하다. 대마를 너무 무겁게 만들지 않으며 탄력성이 풍부한 형태로 만든다. 또한 주변 상황의 변화가 미생마에 미치는 영향을 항상 고려하여 미생마가 있는 근처에서는 싸움을 벌이지 않는다. 대마가 잡힐 위기에 처하면 일부를 버리거나 바꿔치기하는 방식도 쓴다.

그러나 고수들은 기본적으로 미생마(未生馬)를 함부로 만들지 않는 것을 원칙으로 삼고 있다. 공격당하기 쉬운 돌을 만들면 그만큼 반면운영에 지장을 받는다고 본다. 그러나 바둑을 두다 보면 어쩔 수 없이 미생마가 생기는 상황이 있다. 기업에서 원치 않지만 어려운 상황에서 처하게 되는 것과 같다.

그런데 어쩔 수 없이 미생마를 만들더라도 주의해야 할 점이 있다. 그것은 바로 두 군데 미생마, 즉 양곤마를 만들면 안 된다는 것이다. 양곤마는 고수와 하수를 불문하고 금기시한다. 하나의 곤마라면 어

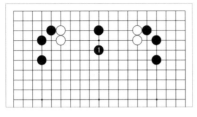

|1도|

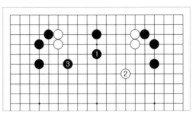

|2도|

뚫게 타개해 볼 수 있지만, 두 개의 곤마가 있다면 위기에서 벗어나기가 대단히 어렵기 때문이다. 그래서 "양곤마는 무사하기 어렵다"는 격언도 생겨났다.

[1도]를 보자. 좌우의 백돌 두 점이 모두 미생이다. 백은 양곤마를 갖게 된 것이다. 이 경우 흑이 공격을 하면 백돌은 둘 중 하나가 잡힐 공산이 크다. 예를 들어 흑이 흑1에 한 칸 뛰어 움직인다고 하자. 흑이 아주 쉽게 두었는데도 이 수에 의해 양쪽의 백돌이 동시에 공격을 받는 것을 알 수 있다.

이에 대해 [2도]처럼 백2로 오른쪽 미생마가 달아나면 흑3으로 왼쪽 백돌을 포위한다. 포위된 백 두 점은 거의 그로기 상태가 된다.

이것은 극히 단순한 예지만 양곤마는 무사하기 어렵다는 것을 잘 보여주고 있다.

양곤마를 만들지 마라

바둑에서처럼 비즈니스나 개인생활에서도 양곤마를 만들면 곤란하다. 한 대학의 이사장은 칼럼에서 '구인·구직 모두 어려운 상황'을 양곤마로 표현했다. 요즘 흔히 회자되고 있는 '저출산과 고령화'도 양곤마에 비유된다. 이러한 양곤마 상황은 해결하기가 상당히 어려운 문제임이 분명하다. 역사상의 많은 전쟁을 보면 한 쪽에서 싸우고 있는데 다른 곳에서 또 싸움이 벌어질 때 패퇴한 경우를 볼 수 있다. 로 마제국을 거의 손에 넣을 뻔한 순간에 한니발은 고국에서 변이 생겼다는 말을 듣고 물러나다가 몰락해 버렸다.

해결해야 할 난제가 있는데 또 다른 난제를 만난다면 자칫 파멸의 구렁텅이로 빠질 가능성이 많다. 회사의 상황이 좋지 않을 때 무리하게 다른 사업을 벌이면 양곤마가 될 수 있다. 또한 능력 밖의 사업을 벌이는 것은 스스로 곤마를 만드는 것과 같다.

하나의 곤마라면 어찌 해 볼 수 있지만, 곤마의 수가 많아질수록 살아날 수 있는 확률은 떨어진다. 그러므로 애초에 곤마를 만들지 않는 것이 최선이다.

하수는 돌을 아끼고
고수는 돌을 버린다

사람은 대부분 버리는 것을 싫어한다. 특히 자기 소유인 것은 버리는 것을 극도로 꺼린다. 그러나 상황에 따라서는 버리는 것이 미덕이 될 수 있다. 특히, 소유욕이나 권력욕 같은 것을 버리면 사람들의 존경을 받는다. '버림의 미학'이라는 말도 있지 않은가.

인생의 축소판인 바둑 역시 버리는 것을 상당히 많이 강조한다. 바둑의 열 가지 비결을 담은 《위기십결》에는 무려 네 가지 금언에서 버리는 것을 강조한다.

- 부득탐승(不得貪勝): 이기려는 마음이 앞서면 승리하지 못한다.
- 사소취대(捨小取大): 작은 것을 버리고 큰 것을 취하라.

- 기자쟁선(棄子爭先): 돌 몇 점을 버리더라도 선수를 잡아라.
- 봉위수기(逢危須棄): 위기에 처하면 버려라.

영토를 많이 차지해야 이기는 바둑에서 왜 이처럼 버림을 강조하는 것일까?

버림으로써 더 많이 얻는다

보통은 버린다고 하면 무언가를 잃는다고 생각하는 경우가 많다. 그래서 사람들은 필요 없는 것이라도 쉽게 버리지 못한다. 하지만 버림으로써 더 많이 얻을 수 있다면 생각이 달라질 것이다. 조영탁의 《행복한 경영 이야기》에서는 다음과 같은 노자의 어록을 소개한다.

> 깨달은 자는 빛나지 않으려 하기 때문에 빛나고, 자신을 돌보지 않기 때문에 존경받으며, 자신을 위해 아무것도 원치 않기 때문에 성공을 거두고, 내세우지 않기 때문에 권력이 있고, 대항하지 않기 때문에 그 누구도 그에게 맞서지 않는다.

조영탁 대표는 노자의 역설적인 주장처럼 버림으로써 오히려 더 크게 얻을 수 있으며, 이를 '버림의 역설'이라고 하였다. 사람들은 자신을 내려놓는 사람을 좋아하고 존경하기 때문에 결국 그런 사람은 평판이 좋아져서 더 많은 이익을 얻게 된다는 논리다.

《위기십결》의 '사소취대'는 바로 이런 논리를 직설적으로 담은 격언으로, 큰 이익을 위해 작은 것을 버린다는 뜻이다. '기자쟁선', 즉 돌을 버리더라도 선수(先手)를 잡으라는 격언은 선수를 잡으면 돌을 버린 것 이상의 이익을 얻을 수 있다는 지혜가 담겨있다.

다른 두 가지는 버리지 않으면 해를 입는다는 뜻을 담고 있다. '부득탐승', 즉 이기려는 마음을 버리라는 것은 욕망으로 눈이 멀면 오히려 이기기 어렵기 때문이다. '봉위수기', 즉 위기상황에서는 버리라는 것은 어려운 상황인데도 모두 다 안고 가는 것은 멸망을 초래할 수 있다는 뜻이다.

요석과 폐석, 그리고 토사구팽

바둑에는 매우 다양한 용어들이 있다. 《바둑용어사전》에 나오는 용어는 인명 등을 빼면 900개쯤 된다. 이중에 '요석'과 '폐석'이라는 말이 있다. 이미 할 일을 다 한 돌을 '폐석(廢石)'이라고 하고, 할 일이 남아 있는 중요한 돌을 '요석(要石)'이라고 한다.

만약 돌을 버려야만 하는 상황이 온다면 요석과 폐석 중 요석을 살리는 것은 당연할 것이다. 앞으로 활용 가치가 있는 요석이야말로 생산성을 높이는 데 도움이 되기 때문이다. 반대로 폐석은 가차 없이 버려야 한다. 설령 폐석이 10개쯤 되고 요석은 단 한 개뿐이라도 폐석을 버리고 요석을 살리는 것이 바둑판의 법칙이다.

어떻게 보면 굉장히 매정한 태도라고 할 수 있다. 폐석 입장에서는 토끼를 잡은 뒤에는 이용 가치가 없는 사냥개를 잡아먹는다는 뜻의 '토사구팽(兎死狗烹)'이 생각날 법하다.

그러나 승리를 위해서는 생산성을 높여야 하니 폐석을 버리고 요석을 살리려는 태도를 뭐라고 할 수는 없다. 기업 역시 마찬가지다. 지금까지 회사에 막대한 이익을 가져다 준 아이템이라도 활용가치가 없어지면 과감히 버려야 한다. 계속 미련을 두게 되면 앞으로 활용가치가 높은 아이템마저 폐석으로 전락할 수가 있다.

스마트폰 시장만큼 하루가 멀다 하고 시장 환경이 변하는 곳도 없을 것이다. 그만큼 관련 기업들은 상황이 변할 때마다 요석과 폐석을 잘 판단하여 버릴 것은 버리고 취할 것은 취해야 한다.

최근 삼성전자는 새로운 모델을 출시하면서 분리형 배터리 대신 내장형 배터리를 선택했다. 별 것 아닌 것처럼 보일지 몰라도 이는 아이폰을 벤치마킹한 것이다. 아이폰 역시 삼성전자 때문에 고전을 면치 못할 때 4인치 화면을 버리고 4.7인치, 5.5인치 대화면을 채택하면서 반등에 성공했다.

두 기업 모두 자신의 정체성이라고 할 수 있는 요소들을 과감히 버리고 변신하였다. 잘 버린다는 것은 잘 변신한다는 말과 같다. 이런 점에서 "마누라와 자식 빼고 다 바꿔"라는 이건희 회장의 말은 시사하는 바가 크다.

희망 없는 돌에
미련을 갖지 마라

희망이 보이지 않는데도 혹시나 하는 미련 때문에 포기하지 못하는 경우가 많다. 폭락한 주식을 끝까지 가지고 있다가 결국 휴지 조각이 되는 경우가 그러하다.

바둑에서는 이처럼 희망이 없는데도 미련을 버리지 못하는 것을 금기시한다. 그렇게 하다가 큰 화를 초래하는 경우가 많기 때문이다.

실제로 아마추어 중급 이하의 바둑팬들에게서 이런 현상을 자주 볼 수 있다. 도저히 탈출이 불가능하고 자체로 살 수 없는 돌을 미련하게 움직여서 잔뜩 키워 죽이곤 하는 것이다. 과감히 포기해 버렸으면 약간의 손해에 그치고 새롭게 출발할 수 있지만, 이렇게 되면 회생이 불가능해진다.

미련 때문에 울다

희망이 없는 것을 붙잡고 있다가 망하는 잘못은 기업경영에서도 찾아볼 수 있다. 신제품 개발에 뛰어들었지만, 시장상황 등을 고려할 때 가능성이 없음에도 계속 밀어붙이다가 손해가 눈덩이처럼 불어나는 경우가 있다. 또한 도저히 재생 불가능한 사업을 정리하지 못하고 계속 끌고나가다가 부도를 맞기도 한다.

희망이 없음을 알면서도 이렇게 매달리는 것은 그동안 투자한 자금이나 노력이 아깝기 때문이다. 또한, 혹시나 하고 요행을 바라기 때문이기도 하다. 그러나 현실은 냉혹하다. 바둑이든 기업경영이든 희망 없는 돌에 미련을 가지면 대마가 잡히는 참극으로 막을 내리게 된다.

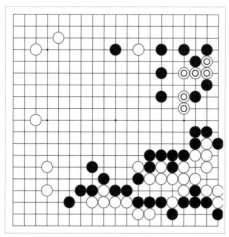

|1도|

[1도]는 아마추어 바둑팬의 실전에서 나온 장면이다. 오른쪽에 있던 백◎ 여섯 점이 흑의 세력권에서 곤경에 처해 있는 모습이다. 이 대마를 살려낼 수 있을까? 만일 살려낼 수 있다는 희망이 없다면 빨리 포기해야 한다.

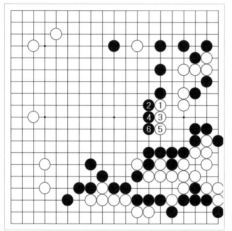

|2도|

[2도]를 보자. 실전에서는 백1로 달아나는 쪽을 택했다. 대부분의 아마추어들은 이렇게 둘 것이다. 일단 달아나고 보자는 의미다. 그러나 만일 이렇게 달아나다 결국 잡히고 만다면 어떻게 될까? 그렇게 되면 결과는 치명적이다. 이 백대마는 백5까지 움직여 봐도 결국 흑의 튼튼한 포위망에 걸려 사로잡히게 된다.

이렇게 희망이 없는 대마를 끌고 나가 결정적으로 패국을 만들어 버리는 경우가 많다. "아까 포기할 걸!" 하고 후회해도 이미 때는 늦었다.

정수현 9단의 고수경영

이런 참변을 피하기 위해서는 희망이 없다고 판단될 때 과감하게 포기하거나 유보하는 태도를 취하는 것이 좋다.

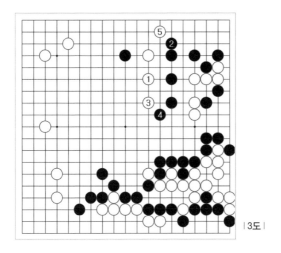

|3도|

아깝더라도 포기를 생각했다면 백은 [3도]의 백1과 같이 다른 쪽에 두어 약간의 대가를 얻는 전략을 구사할 수 있었을 것이다. 이에 대해 흑이 흑2로 약점을 지키면 백은 백3으로 뛰고 백5에 두어 좌변을 개척하면 된다. 이렇게 두면 우변에서 잡힌 손해가 크긴 하지만 아직 희망은 있다. 상변과 좌변 일대가 결정 나지 않았으니 백도 기회가 올 수 있는 것이다.

이처럼 희망이 없는 돌은 미련을 버리고 포기하는 것이 좋다.

포기는 완전히 버리는 것이 아니다

바둑에서 포기는 상실을 의미하지만 그렇다고 해서 모든 것을 다 잃는 것은 아니다. 포기함으로써 약간의 반대급부를 얻을 수가 있다. 예를 들어 대마를 버리는 대신 주변의 요소를 차지하게 되거나, 상대편 돌을 몇 점 잡는 식으로 다소간 이익을 얻을 수 있다. 포기를 하여 손실을 최소화한다고 생각하면 약간이나마 건질 것이 있는 것이다. 비록 작은 이익이기는 하나 이를 가지고 재기를 노릴 수 있다. 무일푼으로 다시 시작하는 것과 얼마간의 자금이나마 가지고 다시 시작하는 것은 큰 차이가 있다.

또한 포기했던 돌이 주변 상황으로 인해 살 수 있는 길이 생기거나 다른 곳의 싸움에 도움이 되는 경우가 생길 수도 있다. 시간의 흐름에 따라 반상의 상황이 변하면서 버려둔 곳에서 어떤 가능성이 생겨나는 것이다. 이런 일은 기업경영에서도 얼마든지 일어날 수 있다. 현재는 가망이 없어 접었던 아이템이 시간이 흐르면서 유망해질 수도 있는 것이다.

전 세계인이 애용하고 있는 포스트잇은 사실 실패에서 탄생한 제품이다. 3M사의 직원인 아서 프라이와 스펜서 실버는 강력접착제를 개발하다가 실패하여 접착력이 약한 제품을 만들고 말았다. 그들은 이를 세미나에서 보고한 후 잊어버리고 있었다. 그러던 어느 날 아서 프라이는 성가대 활동을 하던 중 '악보를 손쉽게 붙였다 뗐다 할 수 있으면 좋겠다'는 생각을 하게 되었고, 실패했던 접착제를 떠올렸다. 그리고 이를 활용해서 포스트잇을 만들었다.

만약 이들이 실패한 접착제에 미련을 못 버리고 계속 매달렸다면 강력접착제뿐만 아니라 포스트잇도 만들지 못했을 것이다. 개발자가 미련 없이 포기한 덕분에 실패한 제품을 다른 관점에서 바라볼 수 있었고, 그 결과 포스트잇이 탄생한 것이다.

이처럼 포기는 완전히 버리는 것이 아니다. 다만 미련을 갖지 않을 뿐이다. 언젠가 시장상황이 변하게 되면 폐석도 얼마든지 다시 부활할 수 있다.

전략
바둑에서 배우는
경쟁의 전략

현대 사회는 어느 분야든 경쟁이 치열하다. 한정된 자원과 시장을 놓고 모두가 영토경쟁을 벌이고 있다. 더구나 인적자원이 넘치는 우리나라는 구조적으로 경쟁이 치열할 수밖에 없다. 경쟁에서 승리하지 않으면 개인은 물론 기업도 생존과 번영이 쉽지 않다.

그렇다면 어떻게 해야 경쟁에서 승리할 수 있을까? 가장 기본이 되는 것은 영토경쟁을 치를 수 있는 능력을 기르는 것이고, 나아가 이를 적절하게 활용할 수 있는 '전략'을 갖추는 것이다.

전략 없이
이길 수 없다

요즘 여러 분야에서 '전략'이란 말을 자주 사용하고 있다. 군사전략, 경영전략이나 선거전략은 물론 교수전략이란 말도 쓰고 있다. 경영 분야에서는 마케팅전략, 블루오션전략, 차별화전략 등 다양한 전략을 얘기한다. 그야말로 전략의 전성시대다. 이처럼 '전략'이라는 말이 많이 쓰인다는 것은 어느 분야든 전략이 중요하다는 의미일 것이다.

총성 없는 전쟁을 치르고 있는 비즈니스 분야에서는 특히 전략이 중요하다. 그래서 대기업에서는 전략기획실이나 미래전략실 같은 전략부서를 두고 있다. 소기업이나 개인사업체에서는 이러한 전략 부서가 없기 때문에 기업가가 직접 전략을 구상해야 한다.

전쟁 게임인 바둑에서도 당연히 전략이 필요하다. 그래서 포석전략, 중반전략 같은 말을 쓰고 '기풍과 전략'이란 말도 자주 쓴다.

전략이 왜 중요한가

'전략'이란 말은 전쟁에서 나온 것으로 '장수술(the art of the general)'을 가리키는 말이었다. 전쟁에서 이기려면 상황에 따라 부하들을 적절히 사용하는 통솔자의 계략이 필요하다. 전략적 사고와 통찰을 가진 사람이 통솔자라면 전쟁에서 승리할 가능성이 높을 것이다.

기업을 경영하는 데 있어서도 전략이 필요하다는 것은 새삼 말할 필요가 없다. 그래서 기업인 중에는 전쟁론이나 병법서를 탐독하는 사람이 적지 않다.

《전략의 신》을 쓴 송병락 전 서울대 경제학과 교수는 《전쟁론》이 서양의 마케팅은 물론 기업경영에도 지대한 영향을 미쳤다고 강조한다. 실례로 마케팅 전문가인 알 리스와 잭 트라우트는 《마케팅 전쟁》이라는 책을 썼고, 그 책에서 최고의 마케팅 책으로 《전쟁론》을 꼽았다고 한다. 일본 최고의 재벌인 손정의 소프트뱅크 회장도 자신이 읽은 4천여 권 중 인생 최고의 책으로 《손자병법》을 꼽았다.

《경영전략전사》를 쓴 미타니 고지는 군사용어인 '전략'을 기업경영의 세계에서 사용하기 시작한 시기는 1950~1960년대인데, 기업경영을 전쟁에 비유하는 것의 도덕적인 시비는 제쳐놓고, 이 둘이 너무

정수현 9단의 고수경영

나도 닮았기에 경영자들은 끊임없이 전쟁에서 배우려 했다고 한다.

이처럼 '전략'이란 말을 가장 많이 쓰는 분야는 아마도 경영 분야가 아닐까 싶다. 오늘날은 국내뿐만 아니라 세계의 기업들을 대상으로 경쟁하는 만큼 전략의 중요성은 더욱 커지고 있다.

＼ 성공담에서 전략을 발견하라

바둑은 전략게임이므로 당연히 전략이 중요하다. 프로기사들은 전략에 관한 수업을 따로 받지는 않지만 본능적으로 전략을 구사한다. 중국의 바둑고전《기경13편》에서는 이렇게 말하고 있다.

> 바둑에서 적이 눈앞에 왔을 때 계략을 짜지 않고도 이겼다는 사람은 아직 보지 못했다. 계략이야말로 승패의 근원이다. 승산이 많으면 이길 수 있고, 승산이 적으면 이길 수 없는데, 하물며 아무런 계산이 없어서야 어찌하겠는가? 계산이 없이 싸우는 사람은 '닥치는 대로 마구 덤비는 지략이 없는 자'에 해당한다.

전략이 없는 사람을 닥치는 대로 마구 덤비는 자라고 표현하고 있다. 그리고 지략이 없이 덤벼서는 이길 수 없다고 단언한다. 전략의 중요성을 명쾌하게 설명한 어록이라고 할 수 있다.

그런데 프로기사 중에서 선략의 숭요성을 가장 많이 실감한 사람은 아마도 필자가 아닐까 싶다. 소년시절 프로기사가 되려는 꿈을 안고 바둑연구생을 할 때 필자는 전략을 연구했다. 아래의 사진을 보면 누렇게 변색된 종이 위에 '흑의 전략'과 '백의 전략'이라고 적혀 있는 것을 볼 수 있을 것이다. 필자는 이렇게 전략을 연구하여 문서로 작성하며 공부했다.

누가 이렇게 하라고 가르쳐 준 것은 아니다. 예전에는 이렇게 바둑을 공부하는 사람이 없었다. '전략'이란 말의 의미도 정확히 몰랐을 시절에 이런 식으로 바둑의 전략을 연구했다는 것이 스스로 생각해도 신기하다.

이때 분석한 것을 다시 살펴보니 어떤 고수가 멋지게 승리를 거두었을 때 어떤 전략을 사용했는가를 알아보고, 그것을 유형화하여 이름을 붙이고 전략적 특성을 기술한 것이었다.

정수현 9단의 고수경영

필자가 분석한 전략 중에는 먼저 실리(이익)를 많이 취해 놓고 상대방이 공격해 오면 타개하는 전략, 두텁게 두어놓고 후반에 가서 실리를 벌어들이는 전략, 덤에 의존해 무리하지 않고 유연하게 두어가는 전략 등 수십 가지가 있다. 이때는 판을 어떻게 운영하여 승리를 거둘 것인가 하는 운영방향을 전략으로 이해했던 것 같다.

이러한 전략 연구 덕분이었을까. 필자는 프로기사가 되려고 한국기원 원생으로 들어간 지 약 2년 만에 프로로 입단하게 되었다. 흔히 프로기사가 되는 것은 사법고시 패스보다 훨씬 더 어렵다고 한다. 봄, 가을 두 번 열리는 입단대회에서 2명씩만 선발하기 때문이다. 이 때문에 10년 이상 도전하고서도 뜻을 이루지 못한 아마추어 강자들이 많다.

당시 필자는 아마추어 강자군에 들지 못한 이름 없는 연구생이었다. 그럼에도 짧은 기간에 수월하게 프로에 입단한 것은 '기술력만으로 도전한 프로지망생들과 달리 전략적 마인드를 가지고 있었기 때문이 아니었을까' 하는 생각을 해 본다.

경영 분야에서도 필자처럼 성공 사례를 전략적으로 분석해서 응용하고 있는 것으로 알고 있다. 경영 분야뿐만 아니라 그 어떤 분야라도 성공 사례 분석은 유의미한 일이 될 것이다. 이 경우 성공담에만 흥미를 가질 것이 아니라 거기에 담긴 전략을 꼼꼼히 분석하는 것이 필요하다.

전략적 사고를 하라

현대사회의 여러 영역에서 전략이 필요하다면 누구나 '전략적 사고'가 필요할 것이다. 어떤 문제나 상황에서 전략적으로 대처한다는 것만으로도 성과가 있을 것이다. 왜냐하면 대부분의 사람들이 전략적으로 접근하지 못하기 때문이다.

그렇다면 전략적으로 사고하는 것은 무엇인가? 전략이란 어떤 목표나 방향을 향해 가능한 자원을 배분하여 효과적인 방안을 찾아내는 것이다. 따라서 목표와 방향성을 생각하고, 이용 가능한 자원을 최대한 활용한다는 사고가 중요하다.

예를 들어 어떤 기업이 새로운 분야에 진입하려고 한다고 하자. 어떤 CEO는 면밀한 검토도 없이 주변에서 좋다고 하니까 무작정 뛰어들기부터 한다. 그러나 전략적으로 접근한다면 현재의 시장 상황을 살펴서 자사의 적절한 목표를 정하고, 기업의 능력, 환경, 성향 등의 자원을 조합하여 가장 효과적인 대안을 찾아내려고 할 것이다. 경영도 이처럼 전략적인 접근이 필요하다.

신발끈을 매지 않고
산에 오르지 마라

경쟁에서 상대를 이기기 위해서는 기본적으로 적보다 전력(戰力), 즉 기술력이 뛰어나야 한다. 스포츠경기나 전쟁에서는 일반적으로 실력이 강한 쪽이 승리를 거둔다. 바둑도 마찬가지다.

그러나 전력이 강하다고 해서 항상 이기는 것은 아니다. 고대 그리스의 아테네인들은 페르시아 대군이 쳐들어 왔을 때 도저히 이길 수 없는 전력으로 맞서 싸워 페르시아군을 퇴각시켰다. 이순신 장군도 명량해전에서 12척의 군선으로 10배나 더 많은 왜선과 싸워 승리를 거두었다. 스포츠경기에서도 정상급 선수가 무명선수에게 패하는 경우를 종종 볼 수 있다.

이처럼 승부의 세계에서는 약자가 이기는 일이 종종 벌어진다. 이 경우 하수(下手)가 운이 좋았다기보다는 상수(上手) 쪽에서 상대를 가볍게 여겨 전략적 분석을 소홀히 한 것이 주요 원인인 경우가 많다. 분석을 하지 않고 수적으로 우세하니 대충 이기겠지 하고 임한 것이 패배를 불러오는 수가 많다. 혹은 하수가 상수에 대한 전략적 분석을 철저히 한 덕분이기도 할 것이다. 그런 점에서 승부를 겨룰 때 상대에 대한 분석을 하지 않고 전장에 임하는 것은 도박이나 다름없다.

지피지기면 백전불태

세계적으로 유명한 전략가들은 뛰어난 분석가이기도 하다. 분석을 하지 않으면 효과적인 전략을 찾기가 쉽지 않기 때문이다. 《삼국지》의 조조는 승산이 없을 때는 싸우지 않는 것을 철칙으로 삼았다. 그는 상대방을 철저히 분석해서 이길 가능성이 낮으면 싸움을 피하는 방향으로 나갔다.

분석의 중요성은 《손자병법》의 "지피지기(知彼知己)면 백전불태(白戰不殆)"라는 말에 잘 나타난다. 적을 알고 나를 알면 백번 싸워도 위태롭지 않다는 뜻이다.

프로기사들도 대국을 앞두고 상대방의 과거 데이터를 분석한다. 프로들이 둔 공식대국은 대부분 기보(棋譜)로 기록되어 있다. 기보를 자세히 분석해 보면 상대방이 잘 하는 것, 좋아하는 것은 무엇인지, 최근에 연구한 수법은 무엇인지, 허점은 무엇인지 등을 발견할 수 있다. 이런 분석을 토대로 상대방을 제압할 전략을 구상한다.

이러한 분석의 효과를 잘 보여주는 예를 하나 살펴보자. 일본의 노장기사 후지사와 슈코 9단은 최고 타이틀인 기성(棋聖)을 1기부터 5기까지 연속 차지했다. 후지사와 기성에게 도전장을 내민 고수들은 대마킬러 가토, 미학사 오다케, 이중허리 린하이펑, 컴퓨터 이시다 등 이름만 들어도 화려한 일본 바둑계의 최정상급들이었다. 50대 중반인 후지사와에 비하여 이들 도전자들은 40대로 나이가 젊었다. 그래서 타이틀전이 벌어질 때마다 이번에는 후지사와가 타이틀을 빼앗길 것이라고 예상한 사람이 많았다. 술꾼에다 나이도 많은 후지사와보다 젊은 강자들의 승리를 점치는 것은 어쩌면 당연한 일이었다. 그러나 후지사와는 예상을 깨고 쟁쟁한 도전자들을 모두 물리쳤다.

승리의 비결은 바로 상대방에 대해 철저히 분석한 덕분이었다. 후지사와는 도전자가 결정되면 시합을 3개월 정도 앞두고 좋아하는 술을 끊었다. 그리고 도전자의 기보를 200~300국 수집해 분석에 들어갔다. 이를 통해 상대방의 전략적 특징, 강점과 약점, 성향 등을 분석했다.

물론 젊은 도전자들도 후지사와 기성의 기보를 분석했을 것이다. 그러나 후지사와만큼 철저하게 연구하지는 않았을 것이다. 아마도 도전자들의 마음 한 구석에는 후지사와 9단을 깜박 실수가 잦은 술꾼으로 깔보는 마음이 있었을 것이다.

상대에 대한 분석은 비즈니스에서도 절대적이다. 사업을 하려면 경쟁자를 분석하여 자신이 경쟁 우위에 있는 셈이 무엇인지를 파악해야 한다. 또한 사업을 둘러싼 환경을 끊임없이 분석해야 하고, 공략해야 할 소비자의 성향도 분석해야 한다.

예전에 중국에서 일본으로 건너간 우칭위안(吳淸源)이 최고수로 군림할 무렵 젊은 층의 선두주자인 사카다 에이오가 도전한 적이 있다. 일본 팬들은 예리한 바둑을 두어 '면도날'로 불린 사카다가 외국에서 온 우칭위안을 꺾어 줄 것이라 기대했다. 그러나 대국결과는 사카다의 완패였다. 그때 매스컴에서는 사카다가 "신발끈도 제대로 묶지 않고 산에 올랐다"고 신랄하게 비판했다.

사업도 마찬가지다. 새로운 시도를 할 때 분석하지 않고 덤벼드는 것은 신발끈을 매지 않고 에베레스트에 오르는 것과 같다.

무엇을 분석해야 하나?

승부에 영향을 주는 전략적 요소에는 피아의 능력, 상황, 심리 등이 있다. 이것을 정리하면 다음 표와 같다.

요인	하위요인	내용
능력	전력	싸움을 할 자원과 능력
	성향	양측의 전투 스타일
상황	환경	주어진 환경 여건
	형세	양측의 유 · 불리
심리	철학	싸움에 임하는 자세
	사기	의욕과 자신감

우선 '능력' 요인을 살펴보자. 싸움의 승패는 무엇보다도 피아의 능력에 따라 좌우될 가능성이 크다. 옛날의 전쟁에서는 병력으로 서로의 능력을 견주었다. 그러나 전력(戰力)에는 병력뿐만 아니라 무기나 경제적 자원도 포함된다. 현대전에서는 병력 수보다 무기의 성능이 더 중요하다. 또한 전쟁을 뒷받침할 경제력도 중요한 변수가 된다.

능력 요인으로 '성향'이라는 면도 고려해야 한다. 여기서 성향은 공격적인가, 수비적인가 하는 스타일을 말한다. 또한 싸움에 임할 때의 특징을 가리키기도 한다. 옛날 징기스칸이 이끌던 몽골군은 기동성이 뛰어나고 냉혹했다고 평가받고 있다. 오늘날 북한의 경우 벼랑 끝 전술을 자주 써서 협상하기가 무척 피곤한 상대로 평가받고 있다.

두 번째로 '상황' 요인을 살펴보자. 상황 변수는 전쟁에 큰 영향을 미친다. 그래서 전략가들은 상황을 이용하는 전략을 자주 펼쳤다. 비즈니스에서도 사회적 환경을 분석하는 것은 필수다. 상황 요인에는 현재의 형세(形勢)가 어느 쪽이 유리한가 하는 점도 고려해야 한다. 형편이 어떤가에 따라 전략의 방향과 수위가 달라질 수 있기 때문이다.

마지막으로 '심리' 요인을 살펴보자. 싸움에서는 심리적 요인도 큰 영향을 미친다. 그래서 전쟁을 지휘하는 사령관은 부하들의 심리를 파악하여 사기를 높이고 두려움을 없애는 전략을 폈다.

심리 요인은 '철학'과 '사기'의 두 가지로 구분할 수 있다. 철학은 전쟁을 어떤 관점에서 보느냐 하는 것이다. 마라톤 전투에서 소수의 아테네 시민이 페르시아 대군을 막아낸 것은 '상황'을 이용한 점도 있었지만, 병사늘이 국가와 시민을 지키기 위해 목숨을 다해 싸운 덕분이었다. 반면에 페르시아 병사들은 돈을 받고 출전한 용병이 많았다. 용병으로 와서 싸우는데 목숨을 걸고 싶지는 않았을 것이다. 사기는 싸움에서 이길 수 있다는 자신감과 이기려는 의욕을 말한다. 사기충천한 군사들이 싸움에서 유리한 것은 두 말할 필요도 없다.

　이와 같이 분석을 하면 어떤 전략을 써야 할지 대개 방향이 나온다. 싸움을 하기 전에 기본적으로 이러한 요인들을 분석하는 습관을 갖도록 하자.

03

자신의 강점으로
승부하라

근래 우리 국민의 경제에 대한 자신감이 많이 하락한 것으로 조사
되고 있다. 일본의 엔저에 따른 수출 경쟁력 하락 등이 영향을 미친 것
으로 보인다. 대기업들은 적절한 투자처를 찾지 못해 돈을 쌓아놓고
있는 실정이다. 글로벌 시장이라는 전쟁터에서 무엇으로 경쟁을 해야
할지 판단을 내리지 못하고 있는 것 같다.

개별기업 차원에서나 국가적으로 경쟁력을 높이는 전략이 필요한
시점으로 보인다. 반상의 CEO인 바둑고수들의 노하우를 통해 경쟁
력을 높이는 전략을 알아보기로 한다.

일반적으로 라이벌과 경쟁하여 승리의 영광을 차지하려면 그쪽보
나 기술이 뛰어나야 한다. 그래서 운동선수들은 기술력을 강화하기

위해 밤낮없이 훈련한다. 기업에서는 R&D에 투자를 하여 경쟁사들보다 앞선 기술력을 보유하려고 한다. 프로기사들도 기술력을 높이기위해 끊임없이 공부한다.

그러나 기술력 강화만이 경쟁력을 높이는 유일한 방법은 아니다. 라이벌이나 다른 기업에서도 기술 개발에 노력을 기울이기 때문에 현저하게 뛰어난 기술력을 갖기란 쉽지 않은 일이다. 전자분야 등 기술력에서 앞섰던 일본이 우리에게 추월당했고, 우리 뒤를 중국이 바짝뒤쫓고 있다. 이런 상황에서 승리하려면 기술력 향상과 함께 특별한전략을 구사할 필요가 있다.

강점 활용은 전략의 기본

경쟁에서 우위를 점하기 위한 여러 가지 전략이 있다. 그중에서 가장 기본적인 것은 자신의 강점을 부각시키고 적의 약점을 공략하는 방법이다. 자신이 잘 하는 부분을 적극적으로 활용하면 차별화된 능력을 보여줄 수 있고 그만큼 승리할 기회가 많아지게 된다. 라이벌의 가장 취약한 급소를 공격하면 우위를 점하기가 쉬워진다.

이런 전략은 스포츠나 전쟁, 마케팅 등 경쟁을 하는 분야에서 두루사용된다. 특히 자신의 강점을 살리는 것이 매우 중요하다. 병법의 대가인 이순신 장군의 강점 활용 전략을 보자.

정수현 9단의 고수경영

조선의 판옥선은 소나무로 제작하여 무거운 데다가 평평한 배여서 기동성이 떨어졌다. 대신 단단하고 좌우로 돌리기가 편한 강점이 있었다. 반면에 날씬한 유선형으로 생긴 왜선은 빨리 움직이는 것이 장점이었다. 이순신 장군은 이러한 판옥선의 강점을 살려 왜군을 만(灣)으로 유인한 뒤 부딪쳐 부수는 방법을 썼다. 물론 학익진과 포격전 등 다른 병법도 사용했지만, 충돌하여 적선을 부수는 전법이 승리하는 데 한 몫 했던 것으로 보인다.

이순신 장군의 빛나는 대첩을 다룬 영화 〈명량〉에서는 우리 수군이 일본의 전선에 올라가 육탄전을 벌이는 장면이 나온다. 재미와 박진감을 위해서 설정한 것이겠지만, 실제로는 이순신 장군이 이런 전략을 쓰지 않았다. 적선에 올라가 싸우는 것은 왜군이 좋아하는 전법이었다. 만약 그렇게 싸웠다면 10배가 넘는 왜군을 당해내기가 쉽지 않았을 것이다. 이순신 장군이 상부에 보고한 장계에는 우리 측 사망자가 단 2명이었다고 기록되어 있다.

어떻게 그럴 수 있었을까? 명량 해전의 전황을 상세히 기록한 오익창의 《사호집(沙湖集)》에 의하면, 이순신 장군이 왜군과 싸울 때 사대부들의 솜이불 백여 채를 걷어다가 물에 담가 적신 뒤 12척 배에 걸었더니 왜군의 조총이 그것을 뚫지 못했다고 한다. 진위 여부에 대한 논란이 있지만, 전략의 귀재 이순신 장군이 왜군의 강점을 무력화시키고 아군의 강점을 부각시키는 전략을 썼던 것은 확실하다.

이순신 장군의 전략에서 얻을 수 있는 시사점은 단순히 기술력만으로 전쟁을 했다면 쉽지 않았을 것이나, 상황적 특성과 강점 등을 활용함으로써 승리를 거뒀다는 점이다.

비즈니스 마케팅에서도 자신의 강점을 활용하는 것이 효과적인 전략이다. 레스토랑에서 일품요리가 강점이라면 그것으로 손님을 끌 수 있을 것이다. 그러나 시설이나 서비스가 강점이라면 그런 면을 부각시키는 전략을 써서 고객에게 어필하는 것이 좋다. 만일 주인이 음악에 조예가 깊은 사람이라면 낭만적인 분위기로 고객을 사로잡는 방법도 유력할 것이다. 이처럼 아무런 강점이 없이 싸우는 것보다 강점을 활용하여 경쟁을 하는 것이 훨씬 효과적이다.

프로기사들의 강점 활용 전략

바둑을 두는 프로기사들은 본능적으로 자신의 강점을 부각시키는 전략을 사용한다. 예를 들어 계산력이 뛰어나 '신산(神算)'으로 불린 이창호 9단은 치밀한 계산에 의해 집짓기로 승부하는 전법을 즐겨 썼다. 반면에 화려한 전투력을 자랑하는 전투형 기사들은 집짓기보다는 다이내믹한 대마싸움으로 승부를 결하는 전법을 사용한다.

이창호 9단은 컴퓨터처럼 계산능력이 뛰어나고 끝내기 능력이 탁월했기 때문에 이 강점을 활용하여 후반까지 길게 가는 전법을 주로 사용했다. 장기전으로 가면 자신의 특기인 종반의 끝내기 실력을 발휘할 수 있기 때문이다. 그래서 상대방이 싸움을 걸어오면 이창호는 슬그머니 피하는 전법을 썼다. 자신의 강점이 아닌 전투로 승부를 겨루는 것은 리스크가 크다고 본 것이다. 이창호는 이 전법으로 자신의 스승인 바둑황제 조훈현 9단을 연달아 미세한 반집 승으로 꺾으며 정상을 정복했다.

이창호와 달리 전투력이 뛰어난 기사들은 반대로 상대에게 싸움을 거는 전략을 쓴다. 쎈돌 이세돌, 철의 여제 루이 나이웨이, 대마킬러 가토 마사오, 원펀치 원성진 등 별명만 들어도 전사(戰士)의 이미지를 풍기는 타입들은 자신들의 강점인 전투로 승부를 겨루려고 한다. 전투가 벌어지면 자신의 주특기인 전투력이 힘을 발휘하게 되기 때문이다.

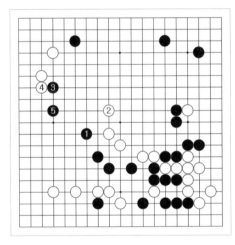

|1도|

[1도]는 신산 이창호와 철의 여제 루이 나이웨이의 대국이다. 루이 9단은 중앙에 있는 이창호의 백돌을 흑1로 공격하고 흑3으로 멀리서 대마를 노리는 전법을 썼다. 스케일이 큰 공격전법이다. 루이가 상변

이나 우변을 지키지 않는 것은 상대의 침입을 유인해 싸움바둑으로
이끌려는 속셈이다.

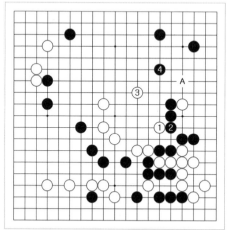

|2도|

[2도]를 보자. 이창호는 백1 · 3으로 대마를 안정해 두며 급박한 싸
움을 피했다. 미생마가 안정되어 있으면 공격목표가 사라져 루이가
펀치를 쓸 곳이 없기 때문이다. 그러자 루이는 다시 흑4로 크게 에워
싸 백의 침입을 유인했다.

사실 흑4보다는 흑A쯤에 지키는 것이 무난한 선택이다. 우변의 영
토를 확보해 집으로 대항하는 구조를 만들 수 있기 때문이다. 그것을
알지만 루이는 흑4에 두었다. 크게 넓혀 상대를 싸움판으로 끌어들
이려는 의도다.

루이가 계속 유인전법을 쓰니 이창호도 더 이상 참을 수 없었던지
우변으로 뛰어들었다. 거기서 한바탕 치열한 싸움이 벌어졌다. 그 싸

정수현 9단의 고수경영

움의 결과는 재미있지만 좀 복잡하니 생략한다. 그것을 보지 않아도 이 장면에서 두 고수가 서로 자신의 강점을 발휘하는 바둑으로 이끌려고 고심했다는 것을 충분히 느낄 수 있다.

당신의 강점은 무엇인가?

바둑고수들처럼 기업도 자신의 강점을 살리는 전략을 구사할 줄 알아야 한다. 남들과 비슷한 방법으로 경쟁을 하면 힘이 많이 들고 뚜렷한 경쟁력을 갖기 어렵다. 라이벌들이 따라올 수 없는 자신만의 강점으로 승부를 한다면 경쟁력이 높아져서 마케팅에서 우위를 점할 수 있다.

그런데 주변을 보면 자신의 강점이 무엇인지를 잘 모르는 사람들이 의외로 많다. 필자는 비즈니스를 하는 다양한 사람들을 만나 얘기를 나누면서 의외로 자신의 강점이 무엇인지 모르는 사람이 많다는 데 놀라곤 한다. 이들은 대부분 자신의 강점을 파악하여 그것으로 사업을 하려고 하지 않고 유망한 아이템을 쫓는 데만 신경 쓰는 것 같았다.

물론 인기가 있는 아이템을 찾는 것이 나쁘지는 않을 것이다. 그러나 무엇보다도 중요한 것은 자신이 그 사업을 하는 데 강점이 있느냐를 체크하는 것이다. 강점 없이 덤벼들면 다른 경쟁자를 이기기가 쉽지 않기 때문이다.

이창호 9단이 싸움하는 것을 피한다고 해서 싸움을 못하는 기사라고 생각해서는 안 된다. 이창호 9단은 전투력도 뛰어나지만, 그보다 계산력이 더 뛰어나기 때문에 자신의 강점을 살리는 전략을 펼치는 것이다.

그러므로 기업들도 먼저 자신의 강점이 무엇인지 살펴볼 필요가 있다. 그리고 승부를 걸어야 할 시점이 오면 주저 말고 강점으로 승부해야 한다.

정수현 9단의 고수경영

싸움은
세력이 강할 때 하라

전략적 경기인 바둑에는 전략과 병법에 관한 내용이 많이 담겨 있다. 이런 내용들은 기업경영에도 적용할 수 있다. 그중에서 '상황'과 관련된 내용을 살펴보자.

상황은 전략에서 매우 중요한 변수가 된다. 상황이 어떤가에 따라 전략이 달라지고 성공 가능성도 달라진다. 예를 들어 좋은 길목에 있는 음식점이나 가게는 상황적 이점 때문에 성공할 가능성이 크다. 이에 비하여 사람들이 잘 다니지 않는 곳에 위치한 상점은 성공하기가 쉽지 않다.

그런데 '상황' 요인은 전략가가 임의대로 만들어 낼 수 있는 것이 아니다. 전략가는 다만 상황을 이용할 뿐이다. 따라서 주어진 상황을 잘 살펴 전략적으로 활용할 수 있어야 한다.

상황은 크게 보면 나에게 유리할 상황과 불리한 상황으로 나누어 볼 수 있다. 각각의 상황에서 사용하는 전략은 달라야 한다.

유리한 상황일 때 싸워라

바둑에서는 상황을 고려하여 전법을 달리 하라고 강조한다. 바둑 격언 중에 '유리한 상황일 때 싸우라'는 말이 있다. 상황이 유리하다는 것은 때와 장소가 자신에게 우호적이라는 뜻이다. 이처럼 주변 상황이 자신에게 유리할 때는 강하게 도전하여 싸우라고 한다.

상황의 유리함을 이용하는 것은 다른 분야에서도 극히 당연한 전략이다. 역사상 유명한 전략가들은 대부분 유리한 상황 요인을 활용하였다. 지형적으로 유리한 곳에서 싸움을 펼쳤고, 강물이나 바람 등 유리한 상황변수를 활용해 승리를 거두었다. 을지문덕, 강감찬 장군은 강물을 이용해 대승을 거두었다. 제갈량은 바람의 방향을 이용해 적벽대전에서 승리를 거두었다.

그렇다면 불리한 상황일 때는 어떻게 해야 할까? 바둑에서는 '세고취화(勢孤取和)'를 추천한다. 즉 세력이 약할 때는 화평을 취하라는 것이다. 상황이 불리할 때는 강하게 도전하는 것보다 가급적 싸움을 피하고 타협하는 방법을 모색하라는 의미다.

상황에 따른 전략 적용의 예를 하나 보기로 하자.

정수현 9단의 고수경영

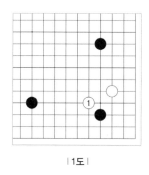

|1도|

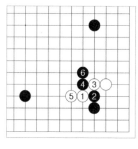

|2도|

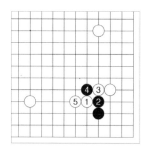

|3도|

[1도]와 같은 모양에서 백1로 씌워 왔다고 하자. 좌우에 흑의 응원군이 있어 흑이 유리한 상황이다. 이와 같은 상황에서는 강하게 두는 것이 좋다.

그러므로 [2도]처럼 흑2로 나가 흑4로 끊는다. 이렇게 끊는 수는 전투를 거는 수다. 이때 백은 백5로 뻗는 정도가 최선인데 흑이 흑6으로 뻗으면 주변 상황 때문에 백은 고전을 면치 못하게 된다. 흑은 막대한 이익을 올릴 기회를 잡은 셈이다.

[3도]는 앞 그림과 같은 모양이지만 주변에 백돌이 있어 흑에게 불리한 상황이다. 이런 상황에서 흑2로 나가 전투를 하는 것은 좋지 않다. 모양만 봐도 흑이 무모한 싸움이라는 것을 알 수 있다. 이런 상황

에서는 싸우지 말고 온건한 방법으로 처리하는 것이 좋다.

이렇게 상황의 특성을 살펴 전략을 조정하는 것이 바둑에서는 중요하다. 물론 불리한 상황에서 어쩔 수 없이 강하게 싸워야 할 때도 있다. 그러나 유리한 상황에서 싸우고 불리한 상황에서는 타협하는 것이 바둑의 기본 전략이다. 이것은 다른 방면의 전략가들도 공통적으로 강조하기 때문에 새로운 것은 아니다. 《손자병법》을 즐겨 읽고 개편까지 했던 조조는 승산이 없을 때 싸우지 말라고 했다. 나폴레옹도 승산이 없는 싸움은 하지 않았던 것으로 유명하다.

불리한 상황에서 패퇴한 영웅들

역사를 보면 불리한 상황에서 강공을 펼치다가 크게 패배한 경우를 많이 볼 수 있다. 승승장구하던 대군이 어려운 여건을 맞이하자 힘을 쓰지 못하고 패망한 사례가 많다.

초패왕 항우는 천하를 놓고 유방과 오랫동안 싸움을 벌였다. 초기에는 항우가 매우 유리한 위치에 있었고 그래서 항우는 유방을 척박한 변방으로 내몰아 봉쇄했다. 그러나 은인자중하며 기회를 노린 유방에게 역전을 당하고 말았다. 유방은 초나라 병사들의 고향 생각을 부추기는 노래를 부르도록 하여 전의를 상실케 한 뒤 공격했다. 사면초가(四面楚歌)의 불리한 상황이 되자 천하장사 초패왕 항우도 힘을 쓰지 못하고 결국 죽음을 맞이했다. 불리한 상황에서는 전쟁의 신도 이기기 힘들다는 것을 알 수 있다.

　나폴레옹과 히틀러도 불리한 상황에서 싸우다가 멸망의 길을 걸었다. 나폴레옹은 주변국들을 정복하며 프랑스의 영토를 크게 넓힌 후 러시아를 공격하기 위해 60만 대군을 이끌고 출병을 했다. 3개월이면 무난히 승리할 줄 알았다. 그러나 추운 날씨라는 복병을 만난 나폴레옹군은 대패하고 철수를 하였고, 이를 본 주변국들은 동맹을 하여 나폴레옹에게 반기를 들었다.

　히틀러도 세계를 정복할 야심을 품고 전쟁을 벌여 주변국들의 항복을 받아내며 러시아로 진격했다가 큰 패배를 당했다. 러시아의 추운 날씨에 히틀러의 막강한 군대도 힘을 쓸 수가 없었다. 러시아에서의 대패로 결국 히틀러는 야심을 접을 수밖에 없었다.

　이처럼 상황 변수가 전쟁의 승패에 큰 영향을 주기 때문에 전략가들은 상황적 특성을 이용하는 전략을 쓴다. 이순신 장군은 명량해전에서 12척의 전선으로 열 배가 넘는 왜군을 격멸시키며 대승을 거두었다. 믿기 어려운 이 대첩의 가장 큰 비결은 상황을 잘 이용한 덕분이었다. 이순신 장군은 울돌목의 특수한 지형과 조류의 변화를 이용하였다.

　상황과 관련된 전쟁의 사례들에서 우리는 두 가지 시사점을 얻을 수 있다. 하나는 불리한 상황에서는 싸움을 하지 않는 것이 좋다는 점이다. 둘째는 상황적 특성을 파악하여 싸움에 활용하는 것이 중요하다는 점이다.

비즈니스에서도 상황을 고려하라

비즈니스에 영향을 줄 상황변수에는 여러 가지가 있는데 가장 중요한 것은 '고객'과 '경쟁자'다. 잠재고객이 많다면 유리한 상황이고 적다면 불리한 상황이다. 경쟁자가 많다면 고객을 나눠가져야 하니 불리한 상황이고 경쟁자가 적다면 그만큼 유리한 상황이 된다. 경쟁자가 거의 없어 땅 짚고 헤엄치기인 상황을 '블루오션'이라고 한다.

잠재고객이 많아 유리한 상황일 때는 적당한 홍보를 펼치고 마케팅을 하면 성공할 것이다. 대부분의 사업가들은 이럴 때 가격을 올려 이익을 극대화하려고 한다. 어찌 보면 공급자의 횡포와도 같은 이런 전략이 통하는 것은 상황이 유리하기 때문이다.

그러나 고객이 많지 않거나 경쟁자가 많은 상황이라면 이런 전략은 먹히지 않을 것이다. 이런 상황에서는 '불리할 때는 화평책을 취하라'는 바둑격언처럼 경쟁자와 제휴하는 것이 불리한 상황을 이겨내는 방법이 될 수 있다.

고객이나 경쟁자 변수 외에도 상황과 관련된 요인은 상당히 많다. 예를 들어 경제적 여건이 우호적인지도 따져보아야 한다. 요즘처럼 사회분위기가 다운되어 사람들의 소비심리가 위축되어 있을 때는 비즈니스를 하기 어렵다. 이런 상황이 자신의 비즈니스에 불리하다면 참고 기다리거나 변신하는 등의 전략을 생각할 필요가 있다.

상황과 관계없이 동일한 방법으로 밀고 가는 것은 실패에 이르는 지름길임을 기억해 두자.

중반전
어떻게 싸울 것인가

중반전은 본격적인 전투 단계를 말한다. 기업의 입장에서 보면 준비를 마치고 본격적으로 사업에 뛰어드는 단계라고 할 수 있다.

바둑에서는 대부분 중반전을 어떻게 치르느냐에 따라 한 판의 승부가 결정된다. 기업도 마찬가지다. 시장에서 어떻게 전투를 치르는가에 따라 사업의 운명이 결정된다.

운명을 가르는 전투인만큼 무조건적인 돌격은 금물이다. 그렇다고 방어만이 능사도 아니다.

적의 급소를
공략하라

글로벌 경쟁 시대가 되면서 라이벌을 꺾어야 생존과 발전이 가능한 세상이 되었다. 경쟁력을 갖지 못한 기업은 업계의 주역에서 물러나야 한다.

그래서 많은 기업들은 어떻게 경쟁자를 물리치고 우위에 설 수 있을까를 고심한다. 바둑이나 축구와 같은 경기에서도 선수들은 당연히 적을 능가하는 전략과 기술을 발휘하려고 애를 쓴다.

적과 싸울 때 경쟁력을 높이는 가장 기본적인 전략은 자신의 강점으로 승부를 하는 것이다. 같은 맥락에서 상대방의 약점을 공략하는 것도 좋은 전략이다. 적의 취약한 곳을 공략하면 자신의 강점을 살리는 것 못지않게 효과를 볼 수 있기 때문이다.

적을 꺾으려면 약점을 노려라

라이벌이나 경쟁자를 꼭 무찔러야 하는 것은 아니다. 때로는 이들과 타협을 하고 상생을 하는 것이 좋을 수도 있다. 그러나 상생이 불가능한 상황에서는 효과적인 방법을 동원해 승리하는 길을 찾아야 한다. 이때 가장 유용한 방법은 적의 약점을 공략하는 것이다.

바둑에서도 상대를 꺾기 위해 적의 약점을 공략하는 전략을 수시로 사용한다. 약점은 다시 말해 '급소'라고 할 수 있는데 바둑에는 이와 관련된 격언이 많다. 얼핏 떠오르는 격언만 해도 '적의 급소는 나의 급소', '귀에서는 2의 1이 급소', '좌우동형은 중앙이 급소' 등이 있다.

바둑과 마찬가지로 비즈니스 분야에서도 경쟁자의 약점을 공략하는 경우가 많다. 경쟁 상대를 이기기 위한 약점 공략은 병법의 기본이므로 경영자들도 알아둘 필요가 있다.

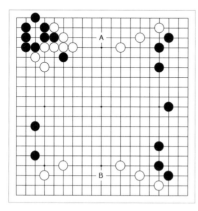

|1도|

정수현 9단의 고수경영

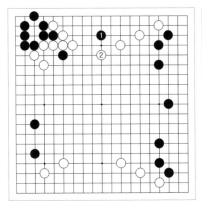
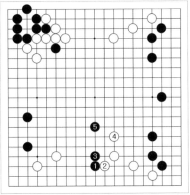

|2도|　　　　　　　　|3도|

　[1도]와 같은 상황에서 흑이 A와 B의 침입 작전을 고려한다고 하자. 오른쪽 모양은 동일하지만, A쪽은 왼쪽에 백의 튼튼한 세력이 있고 B쪽은 그렇지 않다는 차이가 있다.

　[2도]와 같이 흑1로 들어가는 것은 좋은 수가 아니다. 백의 세력이 강한 곳이어서 백2로 공격해오면 흑이 곤란해진다.

　흑은 [3도]처럼 흑1로 침입하는 것이 좋다. 이때 백이 백2 · 4로 두면 흑5로 뛰어나가는 수가 효과적이다. 백진을 깨뜨린 데다 좌우의 백을 압박하고 있어 흑의 성공이다. 이처럼 적의 취약한 곳을 파고들어 전과를 올리는 방법은 바둑에서 흔하게 사용하는 전략이다.

　바둑에서 상대방의 약점을 공략하는 것은 비즈니스에서 경쟁사의 약점을 파고 들어 네거티브 전략을 구사하는 것과 비슷하다. 그런데 지나친 네거티브 전략은 오히려 부메랑이 되어 자신을 해칠 수도 있다. 과거에 우유회사에서 라이벌 회사를 공격하는 홍보전을 펼치다가 우유 전반에 대한 불신으로 번져 모든 우유 회사의 매출이 크게 떨어진 적이 있다.

이처럼 상대의 약점을 찌르는 전략은 효과가 크지만 부작용도 있으므로 항상 타협의 여지를 둘 필요가 있다. 약점 공략은 상생이 불가능할 때 펼치는 전략이라는 것을 명심하자.

●

시장의 반응을
타진하라

공격은 바둑에서 가장 매력적인 전술이다. 경영자들 역시 '공격적 경영'을 선호하는 경우가 많다. 그러나 공격은 이익도 크지만 리스크 또한 크다. 그래서 고수들은 공격할 때 신중에 신중을 기하며 좀처럼 칼을 빼들지 않는다. 확실히 전과를 올릴 수 있는지, 실패해도 회복할 여지가 있는지, 내 약점은 모두 보완했는지 등 모든 상황을 고려한 뒤 공격한다. 이와 같은 전략은 비즈니스 세계에서도 유용하게 쓰일 수 있다.

새로운 시도의 어려움

새로운 사업을 시작하거나 신상품을 출시할 때 가장 우려하는 부분은 들인 노력만큼 결과가 나오지 않는 것일 것이다. 그래서 신사업이나 신상품에 투자하기를 망설이는 경우가 많다. 그렇다고 기존의 사업이나 상품만 고집할 수는 없다. 고객의 취향이 언제 어떻게 변할지 모르기 때문이다.

이처럼 공격적인 투자냐 수비적인 운영이냐를 결정하기 어려울 때는 어떻게 해야 할까? 보통은 시장조사를 통해 성공 가능성을 알아보는 방법을 쓴다. 하지만 정확한 시장조사는 그리 만만한 일이 아니다. 무엇보다 잠재적인 고객층에 접근하기가 쉽지 않다.

이런 경우 바둑에서는 '응수타진'이라는 기법을 사용한다. 상대방의 반응을 살펴볼 수 있는 수를 슬쩍 두어보는 것이다. 이후 상대방의 반응에 따라 전략의 방향을 결정한다.

전략선택이 어려울 때는 응수타진을 먼저 하라

고수들은 '응수타진'을 좋아하고 그만큼 능수능란하게 사용한다. 예를 들어 강하게 공격할 것이냐 적당한 수준에서 타협할 것이냐 하

정수현 9단의 고수경영

는 전략선택의 기로에 섰을 때 곧바로 결정하지 않고 먼저 상대방의 반응을 알아보는 수단을 쓴다.

응수타진에 대하여 상대방이 약간 물러서는 식으로 둔다면 이쪽에서는 타협하는 쪽으로 방향을 잡는다. 그러나 상대방이 위험을 무릅쓰고 최대한 버텨온다면 이쪽도 강하게 칼을 뽑아드는 길을 택한다.

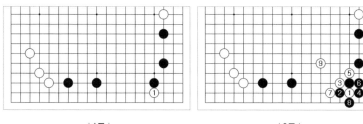

|1도| |2도|

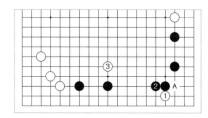

|3도|

[1도]는 흑의 진형이 상당히 넓어 어디로 들어가야 할지 어려운 모양이다. 기분 같아서는 흑진 깊숙이 침투하여 크게 깨뜨리는 전법을 쓰고 싶다. 그러나 실패할 경우 불리한 결과를 가져오게 된다. 그렇다고 위에서 가볍게 깎는 전법은 이것도 저것도 아닌 것 같다.

이처럼 진락을 결정하기 어려운 상황에서 고수들은 백1로 흑돌의 꽁무니에 붙여가는 수를 즐겨 쓴다. 이 수는 기업으로 치면 먼저 시제품을 내놓아 시장의 반응을 살피는 것과 같다.

[2도]처럼 백1의 응수타진에 흑2로 잡으러 오면 백의 대응방향은 명확해진다. 백3으로 끊어 백1을 희생타로 하여 9까지 나가 흑진을 깨뜨리는 전략이다. 흑의 반응을 알았기 때문에 백이 취할 전략이 뚜렷해진 것이다. 기업이 시제품을 내놓았을 때 고객이 적극적인 반응을 보인 것과 비슷한 상황이다.

이와 달리 [3도]처럼 흑2로 다소 뜨뜻미지근하게 응수를 했다고 하자. 이 경우에는 즉각적으로 움직이기가 불편하다. 따라서 향후 백A로 움직이는 맛을 남겨두고 백3으로 전환하는 전략을 쓴다. 이 경우는 고객의 반응이 미온적인 것과 같다. 따라서 신제품 개발은 미루는 것이 낫다.

시장에서의 응수타진법

중소기업을 경영하는 지인이 한동안 연락이 끊긴 적이 있다. 사업이 큰 어려움에 처해 있는 게 아닌가 걱정이 많이 됐다. 그런데 몇 년 뒤 갑자기 연락이 왔다. 그리고 그간의 사정을 설명했다.

지인은 새로운 전자제품이 잘 팔릴 것으로 예상하고 6만 개나 제작했다고 했다. 그러나 예상과 달리 판매가 신통치 않아 이를 처리하는 데 곤욕을 치렀다고 했다.

이처럼 기업 입장에서 잘 될 것이라고 생각해도 시장의 반응이 신통치 않으면 어려움에 빠질 수 있다. 반대로 별 기대를 안 한 제품이 시장의 호응을 얻는 경우도 많다. 그러므로 어떤 결정을 내리기 전에 반드시 응수타진이 필요하다.

기업들이 유행을 파악하거나 소비자 동향을 파악하기 위해 운영하는 파일럿 숍(pilot shop, 안테나 숍이라고도 한다)이 응수타진의 좋은 예다.

파일럿 숍은 문화와 환경이 다른 나라에 진출할 때 특히 유용하다. 시험적으로 매장운영을 해 봄으로써 위험부담을 많이 줄일 수 있다. 파일럿 숍은 유행에 민감한 패션 업계에서 주로 쓰는 경영 전략이지만, 최근에는 다양한 분야에서 파일럿 숍을 적극적으로 활용하고 있다.

뒷문 열린 집을
에워싸지 마라

겉보기엔 화려한데 실제로는 먹을 것이 별로 없는 사업이 있다. 이런 일에 기를 쓰고 매달리는 것은 어리석은 짓이다.

그런데도 이런 사업에 뛰어드는 사람이 적지 않다. 당장 눈앞에 이익이 보이는 것 같기 때문이다. 이들은 나름대로 확신을 가지고 인력과 자금을 투입한다. 그리고 예상대로 높은 매출을 올린다. 그런데 수익은 마이너스다. 한마디로 빛 좋은 개살구다.

무늬만 화려한 사업을 하지 마라

바둑에서는 겉보기에 화려하나 실속이 없는 곳에 투자하지 말라고 한다. 이와 관련하여 "뒷문 열린 집을 에워싸지 마라"는 격언이 있다. 뒷문이 열린 집은 상대방이 뒷문으로 침략할 수 있기 때문에 집을 만들기가 쉽지 않다. 그런 곳을 에워싸면 수익성이 떨어져서 이기기가 힘들다. 그럼에도 하수 중에는 겉모양에 현혹되어 실제로는 실익이 없는 집을 차지하려고 하는 사람이 많다.

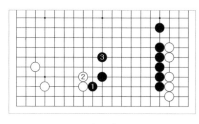

|1도|

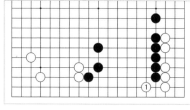

|2도|

[1도]와 같은 모양에서 흑1에 두고 흑3으로 뛰어 오른쪽 흑집을 키우는 사람이 있다. 얼핏 보면 흑집이 꽤 웅장해 보인다. 그러나 이곳은 뒷문 열린 집이다. [2도]처럼 백1로 팔짝 뛰어드는 수가 있기 때문이다. 이렇게 되면 흑집은 줄어들어 볼 품 없는 모양이 된다. 흑이 이 부분에 많은 돌을 투자했는데 겨우 10여 집을 얻은 모습이다.

이렇게 실질적 이익이 별로 없는 일에 시간과 에너지를 투입한다면 그 성과는 미미할 것이다. 따라서 가치가 있는 곳에 집중적으로 투자해야 한다.

비즈니스도 마찬가지다. 비용을 들일 만한 가치가 있는 실속 있는 프로젝트에 투자해야 성공 가능성이 높다. 장기 불황의 시대에 그런 알짜배기 사업이 어디 있냐고 반문할지 모른다. 하지만 한 집 걸러 하나 있는 치킨 골목에서도 살아남는 치킨 집이 있고, 출판 불황 속에서도 잘 팔리는 책이 있다.

실속 있는 아이템은 화려한 곳보다는 남들이 주목하지 않는 곳에 숨어있는 경우가 많다. 그러므로 뒷문 열린 화려한 집보다는 골목 안에 숨은 튼실한 집을 찾기 위해 노력해야 한다. 그리고 내가 벌이는 사업이 화려하긴 하지만 뒷문 열린 집은 아닌지 꼼꼼하게 살펴볼 필요가 있다.

공격하기 전에
자신부터 살펴라

중반 싸움을 할 때 바둑팬들이 가장 깊이 명심해야 할 격언이 있다. 그것은 '공피고아(攻彼顧我)'라는 말이다. 바둑십계명인《위기십결》에 나오는 격언으로 "적을 공격하기 전에 너 자신부터 돌아보라"는 뜻이다.

공격하기 전에 자신의 약점을 살펴라

중반전에서 '공피고아'가 중요한 것은 이곳저곳에서 싸움이 벌어지면 공격에만 신경이 쓰여 자신을 돌아보는 일이 쉽지 않기 때문이다. 그런데 자신의 약점을 방치한 채 상대편 대마를 잡으려고 덤비다 보면 그 약점 때문에 패망에 이르게 된다. 그래서 공격하기 전에 먼저 자기 허점부터 점검해 보는 것이 중요하다.

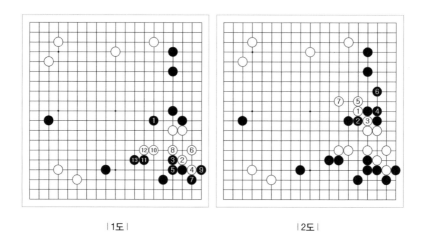

| 1도 | | 2도 |

[1도]와 같은 모양에서 흑은 흑1처럼 날일자로 두는 사람이 많다. 백돌 두 점을 공격하는 강력한 수다. 아마추어들은 거침없이 두는 이 수를 프로들은 망설인다. 왜냐하면 나중에 역습당하는 약점을 남기는 수이기 때문이다. 흑1에 이어 보통 백2로부터 흑13까지 공방전이 벌어지게 되는데, 흑은 공격으로 아래쪽에 큰 집을 확보하여 만족스런 결과처럼 보인다. 그러나 흑1쪽에 약점이 노출되고 있다.

[2도]에서처럼 백1로 건너붙여 반격하고 백7까지 이어지면 공격하던 흑돌이 고립된다. 잡히지는 않겠지만 흑이 약점을 등한히 하여 국면을 어렵게 만든 꼴이다. 이런 사태를 막기 위하여 공격하기 전에 약

　　　　　　　　　　　　　　　　　　정수현 9단의 고수경영

점을 살피라고 하는 것이다. 실제로 자신의 약점을 돌보지 않고 공격을 감행하다가 역습당해 패망에 이른 사례가 부지기수로 많다.

고수는 신중하게 공격한다

공격과 관련하여 고수들은 대부분 신중하게 전략을 구상한다. 공격할 경우 어떤 이익이 올 것인지를 판단하고, 또한 이쪽이 직면할 수 있는 리스크도 고려한다. 그래서 고수들은 자연히 공격의 칼을 함부로 뽑지 않는 습관이 있다.

물론 '대마킬러'로 불린 가토 마사오 9단 같은 경우는 왕년에 상대편 대마에 직선적인 공격을 퍼붓는 바둑을 구사하기도 했다. 영국 프리미어 리그의 공격축구처럼 화끈한 공격력을 선보인 것이다. 그러나 대부분의 기사들은 이런 식의 공격을 하지 않는다.

비즈니스에서도 '공피고아'를 실천할 필요가 있다. 최근 기업들을 보면 공격적 경영을 하는 곳이 많다. 특히 신생 기업의 경우 공격적 경영을 통해 빠른 시간 안에 성장을 꾀하는 경우가 많다. 그리고 실제로 빠르게 성장하기도 한다. 문제는 성장 이후이다. 공격적 경영으로 재미를 봤으니 몸집을 좀 더 불리기 위해 이 사업 저 사업에 공격적으로 투자를 한다. 혹은, 이미 포화상태인 시장인데도 더욱 많은 물량을 투입한다.

사업 분야를 확대하거나, 물량 공급을 늘리는 것은 경험이 많은 기업들에게도 부담스러운 일이다. 하물며 신생 기업이 자신의 역량이 어떤지도 모른 채 공격적인 경영을 하는 것은 경쟁 상대에게 약점을 고스란히 노출하는 것이나 다름없다. 그러므로 약점을 없애는, 즉 기업의 체질을 튼튼히 하는 데에도 힘을 쏟아야 한다.

공격적 경영은 필요하다

공격을 함부로 하지 말라는 말을 오해하면 안 된다. 신중히 공격하라는 것이 공격을 하지 말라는 뜻은 아니다. 이기려면 적극적인 공격이 필요하다. 상대편 대마를 몰아붙이며 공격힐 때의 희열은 뭐라 표현하기 어렵다.

공격은 성공할 경우 많은 이익을 가져다준다. 대마를 잡는다면 집과 포로 등 수확이 엄청나게 커서 그것으로 승리가 결정되는 수가 많다. 상대방의 대마를 잡지 못한다고 해도 공격을 하는 동안 자연스럽게 생겨나는 부수적인 이익을 챙길 수 있다.

마찬가지로 기업에서도 공격적 경영은 중요하다. 현상유지만 하면서 안전운행을 하다가는 어느 틈에 경쟁자에게 밀릴지 모른다. 공격적 경영을 해야 대마를 잡을 수도 있고, 회사를 활력 있게 이끌 수 있다. 적극적인 공격 전략으로 성공을 거두었을 때 일자리도 많이 생겨 영웅으로 대접받는다.

다만 공격적인 전략을 채택할 때는 자신의 현재상황이나 약점 등

　●　　　　　　　　　　　　　　　　정수현 9단의 고수경영

을 철저히 점검하는 것을 잊지 말아야 한다. 재무상태는 튼튼한지, 공격하다가 위기를 만났을 때 그것을 극복해 낼 수 있는지를 신중히 검토한 후 공격에 들어가야 한다는 것이다.

대인관계에도 공피고아를 하라

'공피고아'는 다른 사람과의 관계에서도 중요한 격언이 된다. 이것을 대인관계에 적용해 보면 자신의 과실이나 허점은 간과하고 남의 과실만을 부각시켜 공격하는 것을 경계하라는 의미가 된다.

어떤 사업에 실패했을 때 경영자는 부하직원이 무능했기 때문이라고 탓하기 쉽다. 이런 리더는 직원을 해고하여 책임을 면하려고 할 것이다. 그러나 자신의 경영전략이나 리더십이 부족했다고 본다면 자신의 잘못부터 바로잡으려 할 것이다.

일반적으로 사람들은 자신을 방어하려는 본능 때문에 남의 탓을 하기 쉽다. 그러나 내 탓이라고 생각하며 접근한다면 오류를 바로잡을 가능성이 더 많다.

바둑에서 강조하는 '공피고아'의 격언을 교훈삼아 남을 공격하거나 비난하기 전에 자신부터 돌아보는 습관을 가지면 좋을 것이다. 이것을 실천한다면 분명히 경영이나 대인관계에서 획기적인 변화가 올 것이다.

수읽기
미래예측으로
성공 가능성을 높여라

수읽기는 미래에 어떤 사태가 벌어질까를 예측하는 기술이다. 바둑의 승부는 대부분 이 수읽기 기술로 판가름난다. 수를 멀리 보고 정확하게 읽는 자가 성공할 기회를 잡을 가능성이 많기 때문이다.

기업경영에서도 수읽기에 능한 사람이 유리하다. 경영자는 끊임없이 의사결정을 하고, 문제해결을 하지 않으면 안 된다. 이런 활동은 수읽기 능력이 없이는 효과적으로 하기 어렵다.

고객의 마음을
읽어라

경영학에서는 조직관리와 리더십, 의사결정, 생산운영관리, 마케팅전략, 재무관리 등 다양한 이론과 기법을 다룬다. 그러나 가장 중요한 것은 고객의 마음을 읽는 것이 아닐까 싶다. 아무리 훌륭한 제품이나 서비스를 제공해도 고객이 외면하면 소용이 없기 때문이다. 그래서 오늘날의 마케팅 이론에서는 고객의 필요(needs)와 욕구(wants)에 부응하는 매력적인 상품을 만들어야 한다고 강조한다.

고객이 필요로 하고 원하는 것을 만들어야 돈을 벌 수 있다는 것이다. 사실상 모든 사업가들은 암묵적으로 이러한 필요와 욕구를 고려하며 자신의 아이템을 개발하고 있다.

고객의 마음을 어떻게 읽어야 하나

그러나 고객의 마음을 100% 예측하는 것은 불가능하다. 수요예측이 빗나가는 경우 공급자가 판단을 잘못한 부분도 있지만, 고객의 마음이 변덕스러운 데도 원인이 있다. 서양속담에 "여자의 마음은 가을 날씨와 같다"는 말이 있는데, 고객의 마음 또한 이에 못지않게 변덕스럽다.

고객의 변덕을 가장 잘 보여주는 분야는 정보통신 분야다. 고속인터넷과 스마트폰이 널리 보급되면서 사람들의 커뮤니케이션 풍속도가 달라졌다. 전철 안에 앉아 있는 10명 중 8명은 스마트폰을 만지작거린다. 인터넷을 통해 소통하는 페이스북은 전 세계인의 폭발적인 호응을 얻고 있다. 그 바람에 '알리바바'와 같은 전자상거래 기업이 뜨고 브리태니커와 같은 오프라인 기업은 소리 없이 사라졌다.

이런 점에서 비즈니스의 급소는 고객의 마음이라고 할 수 있을 것이다. 고객의 마음을 읽지 않고는 비즈니스에서 성공할 수 없는 것은 확실하다.

그렇다면 고객의 마음을 어떻게 읽어야 하나? 고객의 마음을 읽는 독심술이 있다면 좋으련만 아직 그런 기술은 개발되지 않았다. 심리학 분야에서 소비자심리, 성격과 정서, 동기 같은 내용을 다루고 있기는 하지만, 고객의 마음을 직접적으로 알아내는 데에는 한계가 있다.

물론 고객의 마음을 파악하기 위해 설문지나 인터뷰 등을 통해 시장조사를 하는 방법이 있기는 하다. 여기서 나온 데이터를 통계적으로 분석하면 고객의 성향을 어느 정도 알아낼 수 있다. 하지만 정확한 통계를 얻기 위해서는 시간과 비용이 많이 든다. 또한 결과를 완전히 신뢰할 수 있는 것도 아니다.

예언가나 전문가의 예측 또한 빗나가는 수가 많다. 어느 일간지 경제란에 이런 문장이 실린 적이 있다.

> 경제 전문가들을 믿지 말 것. 그들에게 딱 하나 물어봐라.
> "그래서 얼마나 버셨어요?"

이처럼 사람의 마음을 읽는 것은 매우 어려운 일이다. 하지만 방법이 없는 것은 아니다. 세상사의 축소판으로 통하는 바둑에는 상대방의 마음을 읽는 방법이 있다.

바둑에서는 주어진 상황에 맞는 전략을 구사하기 위해 기본적으로 상대방의 의도와 심리상태를 알아보는 활동을 한다. 그 방법에는 세 가지가 있다. 표정 읽기, 의도 파악, 역지사지(易地思之)다.

상대방의 표정을 읽어라

사람의 마음을 읽는 첫 번째 방법은 상대방의 표정을 살피는 것이다. 대개 사람의 마음은 얼굴에 나타나게 되어 있다. 기분이 좋으면 밝고 행복한 표정을 짓는다. 그러나 기분이 나쁘면 얼굴빛이 어두워진다.

바둑에서 표정으로 마음읽기에 능통한 이들은 방송에서 바둑 해설을 하는 사람들이다. 바둑해설자들은 긴급한 사태가 벌어졌을 때 "지금 ○○○ 9단의 표정이 어떤지 궁금하네요"와 같은 말을 자주 한다. 또는 "○○○의 표정을 보니 형세가 좋아진 모양이네요"와 같이 표정으로 판세를 추측하기도 한다.

시합바둑을 두는 프로기사들도 상대방의 표정을 통해 상대의 생각을 읽으려고 한다. '세계 최고의 공격수'로 불린 유창혁 9단은 시합 중에 상대방을 가끔 쳐다보곤 했다. 상대의 표정을 읽기 위한 것이다. 때로는 상대방을 쏘아보는 표정이 날카롭게 느껴질 때도 있다. "당신 지금 무슨 생각 하고 있지?" 하고 속을 들여다보는 것 같아 약간 민망하기도 하다. 슬쩍 상대방의 표정을 살피는 기사들도 있다. 어쨌거나 상대방의 표정을 읽는 것은 앞으로의 행동을 예측하고 전략을 세우는 데 효과가 있다.

이 방법은 시장에서 고객의 반응을 통해 구매심리를 알아보는 것과 같다. 자기 회사의 제품이나 서비스에 고객이 흡족해 하는가, 아니면 불만을 느끼는가를 알아보는 것이다. 고객들의 표정이나 언사에는 자연히 이런 것들이 반영된다. 여기에 나타난 고객들의 반응, 특히 불만을 느낀 고객들의 반응을 캐치하는 것이 중요하다. 불평하는 고객이 좋은 기업을 만들기 때문이다. 그래서 고객의 불평은 기업에게 좋은 '선물'이라고도 한다.

정수현 9단의 고수경영

상대방의 의도를 파악하라

마음을 읽는 두 번째 방법은 상대방이 어떤 수를 두었을 때 어떤 의도를 갖고 있는가를 파악하는 것이다. 이것은 대국자들이 밥 먹듯이 하는 작업이다. 예를 하나 보자.

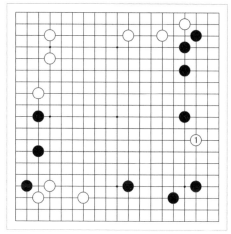

|1도|

[1도]에서 흑돌이 많이 있는 지역에 백1로 두어왔다. 흑의 영역에 들어온 이 수의 의도는 무엇일까?

이런 경우 상대의 마음읽기는 '상황'과 관련이 있다. 즉 상황에 기초하여 상대의 의도를 알아내는 것이다. 이 그림의 경우 흑돌이 영토를 만들려는 지역에 들어왔으니 흑의 영토를 파괴하려는 의도임을 짐작할 수 있다. 이런 경우 백1과 같은 수는 '침입수'라고 불린다.

이처럼 어떤 행동이 나타났을 때 거기에 담긴 의도를 파악하여 상대의 마음을 읽는 것은 바둑의 기본적인 기술이다. 비즈니스도 마찬가지다. 고객이 보이는 행동에 어떤 의미가 있는지 파악해야 한다. 예를 들어 자신의 식당에 단골로 오던 고객이 갑자기 뜸하게 온다면 입맛이 변해서 그런 것인지, 다른 단골집이 생긴 것인지 등을 파악해야 이에 대처할 수 있다.

바둑에서 고수들은 상대방의 의도를 파악하는 일을 거의 틀리지 않는다. 상대방이 어떤 흑심을 숨기고 행동하더라도 고수들은 금방 그 의도를 알아낸다. 왜냐하면 주어진 상황에서 일반적으로 취해야 할 행동을 알고 있기 때문이다. 이런 상황에서는 이렇게 행동하는 것이 보통인데 상식에 어긋나는 행동을 한다고 생각되면 뭔가 특별한 의도가 있다고 추리하는 것이다.

"경기가 안 좋으면 치마 길이가 짧아진다", "불황이면 소주 판매량이 늘어난다"와 같은 속설들도 고객의 소비성향을 통해 시장 상황을 파악하려는 의도에서 나온 말들이다. 말 그대로 속설인 것도 있지만, 때로는 경제 상황을 정확히 반영하는 것들도 있다. 그것이 속설이든 아니든, 고객의 소비성향을 통해 의도를 파악한다는 점에서 큰 의미가 있다. 그러므로 기업들은 고객의 동향을 파악하는 데 한시도 눈을 떼서는 안 된다.

기보를 거꾸로 본다

마음읽기의 세 번째 방법은 좀 특별한 방법이다. 이것은 아마도 바둑만의 특별한 노하우일 것이다. 그것은 바둑경기의 수순(手順)을 기록한 기보(棋譜)를 거꾸로 보는 방법이다.

이 방법을 즐겨 쓴 이는 일본의 최고수였던 고바야시 고이치 9단이다. 고바야시는 시합바둑을 두다가 종종 옆에서 기록하고 있는 기록사에게 기보용지를 달라고 하여 그것을 뒤집어서 보는 습관이 있었다. 또는 시합을 하는 중간에 상대방의 뒤편에 가서 바둑판을 바라보기도 했다. 이것은 역지사지(易地思之)로 상대방의 입장에서 바둑판을 바라보려는 것이다.

바둑판의 모양은 똑같지만 자기 쪽에서 볼 때와 상대편 쪽에서 볼 때는 느낌이 다르다. 상대편의 입장이 되어 판세를 바라보면 자신의 입장에서 바라본 것과는 차이가 있다.

언젠가 KBS역사저널 〈그날〉에서 최태성 교사가 고구려 지도를 거꾸로 보여준 적이 있다. 아래 그림처럼 한반도에서 볼 때와 그 반대편에서 볼 때 느낌이 어떤가?

우리는 늘 반도 쪽에서 만주지방을 바라봤다. 그래서 고구려가 대륙으로 광대하게 뻗어 있다고 생각하며 흡족해 했다. 그러나 오른쪽과 같이 만주지방 쪽에서 보면 한반도는 거대한 영토에 붙어 있는 하

나의 조그만 지역일 뿐이다. 아마도 중국인들은 한국을 그렇게 보아왔을 것이다.

　이렇게 상대방의 입장에서 사물을 바라보는 것은 꽤 의미 있는 방법이다. 비즈니스 역시 마찬가지다. 자사에서 개발한 신제품이나 서비스를 "내가 고객이라면" 어떻게 생각할 것인가를 파악해 보도록 하라. 부하를 지휘하는 경영자라면 내부고객인 부하의 입장이 되어 자신의 리더십이나 경영 스타일을 어떻게 생각할지를 분석해 볼 필요가 있다.

　●　정수현 9단의 고수경영

미래예측은
경영자의 필수기술

"바둑을 두는 CEO들은 경영도 잘 한다."

언젠가 만난 한 대기업 임원이 한 말이다. 바둑을 아는 경영자들은 새로운 사업을 할 경우 어떻게 될 것인지 멀리 내다보고, 업무가 끝나면 프로기사들이 복기(復棋)하듯 되돌아보며 문제점을 진단하는 것이 습관이 되어 경영에 유리한 것이 사실이다. 이들은 회사 업무를 바둑에 빗대어 설명하기를 좋아한다.

학술적으로 연구된 것은 아니지만 바둑을 잘 두는 CEO라면 아무래도 바둑에서 자연스럽게 체득한 다양한 교훈과 사고방식, 전략 등을 비스니스에 응용할 것으로 생각한다. 바둑에서는 냉정하게 형세를 판단하고, 묻지마 대마사냥을 하지 않는 등 고수가 되기 위해 갖춰야 할 여러 가지 자질을 강조하는데, 이런 것은 경영의 고수가 되는 데도 필요한 것들이다.

경영자와 미래예측

미래학자 켄 고스넬은 성공하는 CEO의 다섯 가지 덕목과 조건을 이야기하며 CEO에게 '미래예측'이 필수라고 주장했다. 요즘처럼 빠르게 변하는 상황에서 CEO들이 미래를 알지 못하면 성공하지 못한다는 것이다. 바둑에서 경영을 배우는 CEO들은 이미 이것을 몸으로 습득해 왔다. 바둑애호가인 독일의 IT기업 오미크론 창업자 카스텐 크라우스 사장은 한 경제잡지와의 인터뷰에서 이렇게 말한 적이 있다.

> 바둑을 잘 두려면 전체 판을 읽고 멀리 봐야 합니다. 지금 내가 어떤 수를 두면, 상대는 어떤 수를 낼까? 상대의 수를 미리 예측하고, 내가 어떻게 행동할지 미리 결정해야 전체 판을 볼 수 있어요. 비즈니스도 비슷합니다.

크라우스 사장은 바둑에서 미래예측을 하며 의사결정을 하는 것처럼 비즈니스에서도 미래예측, 즉 수읽기가 필요하다는 점을 강조했다.

김동녕 한세실업 회장은 바둑을 통해서 몸에 밴 '예측하는 습관'이 실제로 경영에 큰 도움이 된다고 했다. 김동녕 회장은 프로기사들은 스무 수나 서른 수씩 앞서 본다고 말하며, 주요한 의사결정을 내려야 하는 CEO에게도 수읽기는 매우 중요하다고 강조했다. 그는 기업을 경영하는 데 있어 가장 조심해야 할 부분은 함부로 단정 짓고 확신하는 일이라고 했다.

그의 '바둑경영론'을 잠깐 엿보기로 하자.

> 경영에서 수읽기와 포석은 분리돼 있지 않습니다. 일을 추진하기 위해서는 완벽한 구상이 필요하고, 앞도 내다볼 줄 알아야 하죠. 그리고 발생할 수 있는 문제점에 대한 대응 방안도 생각해 둬야 합니다. 이 훈련이 제대로 되면 위기가 닥쳐도 크게 흔들리지 않아요.

이와 같이 바둑을 좋아하는 CEO들은 바둑의 수읽기처럼 경영에서도 미래를 예측하는 수읽기가 중요하다는 것을 피부로 느끼고 있다.

바둑에서 수읽기 능력은 실력을 가늠하는 척도이기도 하다. 다시 말해서 고수와 하수의 차이를 극명하게 보여주는 능력은 바로 미래를 예측하는 능력이다. 하수들은 한 치 앞을 내다보지 못하거나 비합리적으로 예측한다. 이에 비해 고수들은 미래를 대체로 정확하게 예측한다. 이처럼 미래예측을 잘 해야 반상의 경영뿐만 아니라 현실의 경영도 잘 할 수 있다.

수읽기가 중요한 이유

수읽기의 중요성을 알기 위해 쉬운 예를 하나 살펴보자. 바둑을 둘 줄 몰라도 상관없다. 4,5세의 어린이도 초보자 때 배우는 쉬운 수법이다.

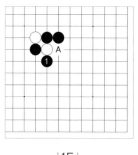

|1도|

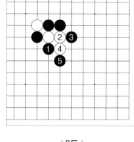

|2도|

[1도]처럼 흑1로 두었다고 하자. 다음 흑A로 두면 백돌 한 점은 흑에게 포로로 잡혀서 판에서 제거된다. 바둑규칙상 바둑돌은 움직일 수 있는 길이 모두 포위되면 잡혀서 따냄을 당하게 된다. 포로로 잡힌 돌은 나중에 몸값을 내야 한다. 그래서 바둑을 갓 배운 초보자들은 A에 두어 백돌을 살리려 할 것이다.

[2도]를 보자. 백2로 달아나면 흑3으로 몬다. 다시 백4로 달아나면 흑5로 몬다. 백은 계속 잡힐 위험에 몰리게 된다. 과연 이 백돌은 살아갈 수 있을까?

예측능력이 부족한 초보자들은 끝까지 도망치려 할 것이다.

정수현 9단의 고수경영

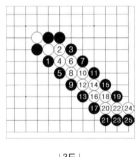

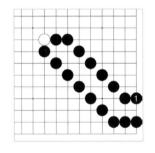

|3도|　　　　　　　　　　|4도|

그러나 [3도]처럼 백이 계속 달아나면 결국 흑25에서 막다른 골목에 이르게 된다. 이렇게 되면 달아난 백돌 13점은 모두 잡힌다.

[4도]처럼 백돌을 흑1로 잡아서 따내면 이런 모양이 된다. 흑에게 13명이 포로로 잡혔을 뿐만 아니라 잡힌 곳에 흑의 집(영토)이 생겼다. 게다가 주변에 철벽 같은 흑의 성곽이 구축되었다. 이렇게 되면 백은 도저히 회생할 방법이 없다.

이것은 바둑에서 수읽기를 하지 않고 행동을 해서는 안 된다는 것을 보여주는 초보적인 예다. 단수로 몰렸다고 생각 없이 기어나가서는 망하게 된다는 것을 확연하게 보여주고 있다. 초보자라고 해도 이 것을 모르고서는 바둑판을 제대로 경영할 수 없을 것이다.

바둑에는 "축을 모르고 바둑 두지 마라"는 격언이 있다[3]. 이처럼 축은 미래를 예측하지 않고 바로 실행에 옮기는 행동의 위험함을 잘 보여주고 있다.

---

3) 이 그림처럼 대각선으로 계속 몰아서 잡는 수법을 '축'이라고 한다. 서양인들은 이것이 계단처럼 생겼다고 하여 'ladder(래더)'라고 부른다.

기업을 경영할 때 수읽기를 하지 않고 감으로 하는 사람은 축을 모르고 바둑을 두는 초보자처럼 일거에 판세를 그르칠 가능성이 높다.

합리적으로
수를 읽어라

바둑을 둘 때나 기업을 경영할 때 앞으로의 일을 예측하는 것은 무척 중요하다. 바둑고수들은 이를 능수능란하게 한다. 그렇다면 바둑고수들은 미래를 예지하는 능력이라도 있는 걸까? 그렇지 않다.

고수들은 앞으로의 일을 예측할 때 전문지식과 수읽기의 두 가지를 사용한다. 대부분은 지식을 사용한다. 그러나 지식만으로 예측이 불가능할 때가 있다. 그럴 때는 수읽기로 예측을 한다.

지식으로 해결하는 경우

미래를 예측하는 방법 중 하나는 '지식'에 의한 것이다. 아마추어에 비하여 고수들은 풍부한 전문지식을 가지고 있어 미래를 예견하기가 쉽다. 지식이 많으면 웬만한 일은 추리를 하지 않고도 알수 있다. 북한 문제나 중동 사태 등이 발생했을 때 매스컴에서 전문가를 불러 향후의 전망을 하는 것은 이들이 가진 전문지식으로 미래를 예측하기 위한 것이다.

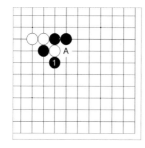

|1도|

[1도]는 앞에서 살펴본 모양이다. 전문가들은 수읽기를 하지 않고도 백A로 달아나면 안 된다는 것을 안다. 아마추어 바둑팬들도 이 정도는 안다. 수읽기를 하지 않고도 알 수 있는 지식이기 때문이다. 그러나 이런 기초 지식조차 없는 초보자는 백A로 달아나면 안 된다는 것을 알지 못한다. 이처럼 지식은 중요하다. 지식이 없이는 미래를 예측하기도 어렵고, 문제를 해결하기도 어렵다.

정수현 9단의 고수경영

수읽기로 예측하는 경우

　지식이 중요하기는 하지만 모든 문제를 지식만으로 예측할 수는 없다. 현실의 많은 문제들은 복합적인 요인을 내포하고 있어 기존의 지식만으로 사태를 예측하기가 쉽지 않은 경우가 많다.

　이런 경우 미래를 예측하기 위해서는 수읽기의 메커니즘에 의존하지 않을 수 없다. 즉, 추리를 하여 미래에 무슨 일이 일어날지를 예측하는 것이다.

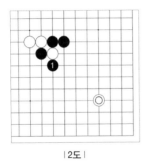

| 2도 |

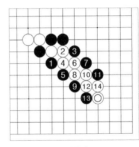

| 3도 |

　[2도]는 [1도]와 비슷한데 오른쪽에 백◎의 돌이 하나 있다는 점이 다르다. 이 상황에서 흑1로 몬다면 어떻게 될까? 백이 축으로 몰려 결국 흑이 잡히게 될까?

　[3도]처럼 백이 계속 달아나면 결국 백14의 돌과 백◎의 돌이 연결되면서 백돌이 탈출에 성공하게 된다. 이렇게 되면 백을 잡자고 축으로 몰았던 흑은 큰 바낵을 받을 수밖에 없다. 대국자는 이런 결과

를 지식뿐만 아니라 수읽기를 통해서도 앞의 상황을 예측할 수 있어야 한다.

＼ 수읽기의 방법은 단순하다

그렇다면 이러한 수읽기를 어떻게 하는 것일까? 프로기사들은 모두 수읽기의 도사들이다. 그래서 바둑팬들은 프로들의 수읽기에 감탄을 금치 못한다. 수읽기를 제대로 하지 못하면 프로다운 바둑을 둘 수가 없기 때문에 고수들은 기본적으로 수읽기에 능통할 수밖에 없다.

그런데 아이러니컬한 점은 바둑팬이 "수읽기를 어떻게 해야 하나요?"라고 물으면 대답을 제대로 하지 못한다는 것이다. 수읽기의 도사들인데도 자신이 어떻게 수를 읽는지 명확히 대답하지 못한다.

이것은 뛰어난 화가가 자신이 어떤 노하우로 그림을 그리는지를 설명하지 못하는 것과 같다. 세상에는 실기에 뛰어나지만 이를 이론적으로 설명하지 못하는 사람들이 많다. 그 이유는 실기는 이성보다는 경험적인 측면과 관련이 깊기 때문이다. 따라서 이런 부분을 과학적으로 설명하기 위해서는 전문가의 도움을 받는 것도 필요하다. 실전에 강한 경영자라 하더라도 미래학자의 예측에 귀를 기울이는 것은 이러한 이유에서다.

그런데 알고 보면 수읽기를 하는 방법은 다음과 같이 간단하다.

정수현 9단의 고수경영

내가 흑돌을 공격한다면 상대방은 달아날 것이다.

다시 말해 "~한다면(if), ~할 것이다(then)"와 같이 추리를 하면 된다. 경영자들 역시 본능적으로 이렇게 추리를 한다.

- 내가 잘못을 지적하면 직원들은 기분이 좋지 않을 것이다.
- 경기가 나쁘면 사람들의 소비심리가 위축될 것이다.
- 구조조정을 하면 노조에서 반발이 심할 것이다.

수읽기의 노하우치고는 너무 간단한가. 그러나 단순하다고 해서 가치가 없는 것은 아니다. 게다가 마냥 단순한 것만도 아니다. 사실 이것은 미국의 저명한 심리학자 존 앤더슨이 주장한 '조건–산출' 도식이다. 앤더슨에 따르면 절차적 지식은 'If~, then~'의 방식으로 진행된다고 한다.

물론 앤더슨이 이를 미래예측이나 수읽기의 방법으로 제시한 것은 아니다. 바둑 수읽기를 할 때 쓰는 방법이 앤더슨의 "~한다면 ~할 것이다"와 비슷하기 때문에 필자가 응용해 본 것이다.

수읽기는 조건–산출의 연속

수읽기의 방법을 '조건–산출'로 보면, 심오해 보이는 고수들의 수읽기도 사실 별 게 아니라는 것을 알게 될 것이다. 고수들은 하수들에 비해 이것을 좀 더 길게 그리고 좀 더 정교하게 하는 것일 따름이다. 다시 말해서 고수들은 하나의 조건–산출만 추리하는 것이 아니라 계속해서 이어지는 일련의 조건–산출의 수순(手順)을 읽는 것이다.

경제 문제를 예로 들어보자.

- 경기가 나빠지면 사람들의 소비심리가 위축될 것이다.
- 소비심리가 위축되면 사람들은 지갑을 닫을 것이다.
- 소비자가 지갑을 닫으면 매장의 매출이 줄어들 것이다.
- 매출이 줄어들면 회사의 재무상태가 악화될 것이다.
- 재무상태가 나빠지면 경영진은 구조조정을 고려할 것이다.

이런 식으로 고수는 '조건–산출'을 이어서 추론하는 것이다. '이 정도는 경제전문가가 아니라도 추리할 수 있지 않을까'라고 생각하기 쉽겠지만 일반인들은 이런 식으로 수읽기를 하지 못한다. 이런 훈련을 해 본 적이 없기 때문이다. 그래서 골치 아픈 추리 대신 자신이 아는 지식 범위 내에서 처리하려고 한다. 주입식 교육의 부작용이다.

물론 수읽기가 정말로 복잡할 때도 있다. '조건'에 대한 '산출'이 여

러 갈래로 나오는 경우이다. 예를 들어 아래와 같이 '내가 공격한다면'
에 대하여 상대방이 택할 수 있는 옵션이 여러 가지일 경우가 있다.

달아날 것이다

내가 공격한다면   상대는   덤벼들 것이다

포기할 것이다

이처럼 어떤 조건에 대하여 예상되는 결과가 여러 가지로 나올 때
는 수읽기가 좀 복잡해진다.

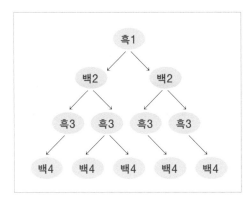

|그림 1|

이것은 어떤 수로부터 나올 가능성이 있는 수의 경로를 표시한 것
이다. 흑1에 대해 백이 둘 수 있는 수가 두 가지라면, 두 가지 백2의
수에 대해 흑3이 둘 수 있는 수는 네 가지로 늘어난다. 수순이 진행될
수록 점점 더 많은 가지를 치게 된다.

이 모양은 마치 트리처럼 보인다. 그래서 컴퓨터 공학자들은 이것

을 '게임트리(game tree)'라고 부른다. 이 게임트리를 읽어야 하기 때문에 수읽기는 생각보다 간단치 않다.

그래서 프로기사들은 좀 더 쉬운 방법을 사용한다. 가능성이 높은 수 중심으로 수읽기를 하는 것이다.

내가 공격한다면   상대는   달아날 것이다(70%)

덤벼들 것이다(20%)

포기할 것이다(10%)

예를 들어 위의 추리에서 내가 공격하는 수에 대한 상대방의 예상 시나리오가 세 가지가 있다고 할 때 이중에서 가장 가능성이 높은 수를 검토하는 것이다. 달아날 가능성이 70%, 덤벼들 가능성이 20%, 포기할 가능성이 10%라고 하면 일단 가능성이 가장 높은 '달아나는 수'를 읽는 것이다. 이어서 달아나는 수에 대한 자신의 응수 역시 가장 가능성이 있는 수를 찾는다. 결국 수읽기는 가능성이 높은 길을 추리하는 것이라고 볼 수 있다.

인간은 컴퓨터처럼 동시에 많은 정보를 처리할 수 없다. 그러므로 수읽기는 가능성 높은 시나리오를 따라가는 방식을 취하는 것이 최선이다. 하지만 국가의 존망이 달린 문제나 회사의 운명과 관련된 중대한 상황이라면 얘기가 다르다. 이때는 시간이 걸리더라도 예측 가능한 시나리오를 모두 검토해야 한다.

  ●

착각은
패망에 이르는 병

"원숭이도 나무에서 떨어질 때가 있다"는 속담이 있다. 원숭이는 나무타기의 명수지만 어쩌다가 나무에서 떨어질 수도 있다는 것이다. 자신의 전문 분야라고 자신하다가 실패하는 경우를 두고 하는 말이다.

고수들은 이런 실수를 안 할 것 같지만, 사실은 심심찮게 실수를 한다. 이런 실수가 치명적인 결과를 낳기도 한다. 실패하리라고는 전혀 생각하지 못했기에 당황해서 뒷수습을 제대로 하지 못하기 때문이다.

착각은 잘못된 믿음이다

　잘 나가던 기업이 갑자기 쇠락하는 경우가 있다. 여기에는 여러 가지 이유가 있을 것이다. 시장상황이 급속도로 변하는 경우, 강력한 경쟁자가 출현하는 경우, 업계 최고라는 자만심에 젖어 대비를 못한 경우 등이다.

　그런데 어떤 경우든 공통적인 원인이 하나 있다. 바로 경영층의 판단착오다. 다시 말해 상황의 변화를 파악하고 그에 따른 변수를 예측하는 일에 실패한 것이다.

　바둑에서도 엄청나게 유리했던 바둑이 뒤집어지는 '대역전극'을 흔하게 볼 수 있다. 크게 유리했던 바둑을 역전당하는 경우는 대부분 커다란 실수를 했을 때 일어난다. 작은 악수(惡手)나 느슨한 수(緩着)를 두는 정도로는 형세가 쉽사리 뒤집어지지 않는다. 착각하여 대마(大馬)가 끊겨 잡히는 수를 보지 못하는 정도의 커다란 실수를 할 때 승부가 뒤집어지는 것이다.

　아마추어의 바둑에서는 이런 착각에 의해 승부가 결정되는 일이 많다. 한 마디로 "착각은 패망에 이르는 병"이라고 할 수 있다. 따라서 착각에 의한 실수를 하지 않는 것이 승률을 높이는 길이다.

　그런데 이런 착각은 아마추어가 아닌 프로 고수들에게서도 종종 나온다. 어떤 경우에는 초보자도 볼 수 있는 '단수'를 착각하여 망하는 일도 있다. 단수는 바둑을 처음 배울 때 알게 되는 기초수법이기 때문

　　●

에 프로가 이런 실수를 한다는 것은 있을 수 없는 일이다. 그러나 바둑계의 정상급 기사들도 단수를 착각하는 실수를 한다.

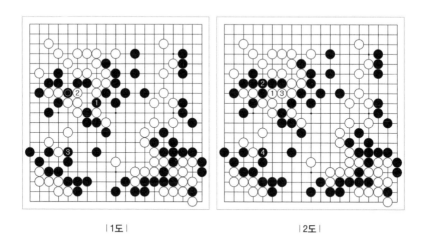

|1도|　　　　　　　　　　|2도|

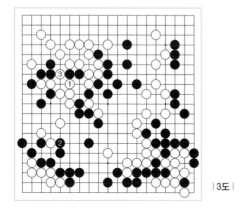

|3도|

[1도]는 일본의 공식시합에서 고바야시 고이치 9단과 이시다 요시오 9단이 둔 바둑이다. 두 기사는 한 때 일본바둑계의 최고봉에 군림

했던 강자들이다. 고바야시 9단이 흑1에 두자 이시다 9단은 백2(흑●를 단수한 수)로 두었다.

이 수에는 [2도]에서처럼 흑2로 잇는 것이 당연한 수순이다. 이후 백은 백3에 이어 간다. 이것이 정상적인 진행이다.

그런데 고바야시 9단은 백1의 단수에 잇지 않고 [3도]처럼 흑2에 두었다. 그러자 이시다 9단은 백3으로 흑돌을 따내버렸다. 그 결과 잡혔던 왼쪽 백 두 점이 살아나고, 오른쪽 흑돌 두 점이 잡혀버렸다. 순식간에 흑이 10집을 날려버린 것이다. 프로의 바둑에서는 치명적인 손해다. 결국 이 바둑은 단수를 착각한 고바야시 9단의 패배로 끝났다.

프로 고수가 이같은 단수를 못 본다는 것은 있을 수 없는 일이다. 더구나 고바야시 고이치 9단은 신중한 기풍의 기사로서 조치훈 9단을 물리치고 정상에 오른 고수다. 그런 기사가 단수를 못 봤다는 것이 믿기지 않는다.

하지만 프로의 바둑에서 단수를 착각하는 것이 아주 드문 일은 아니다. 서봉수 9단도 이와 비슷하게 단수를 착각해 패한 적이 두 번이나 있었다. 근래 좋은 성적을 내는 젊은 기사들도 착각을 한 사례가 있다.

왜 이런 실수가 나올까? 이런 착각은 상대가 단수를 하지 않았다고 믿은 데서 비롯된다. 경영 위기가 코앞에 닥쳤는데도 우리 회사는 아무렇지 않다고 믿는 것과 같다.

정수현 9단의 고수경영

복병을 조심하라

수읽기의 어려움 중의 하나는 복병과 같은 함정이 있다는 것이다. 발견하기 별로 어렵지 않은 수인데도 묘하게 보지 못하는 경우가 있다. 이런 경우는 약간 주의를 기울이면 발견할 수 있는데, 자신의 상식으로 가볍게 판단해 버리기 때문에 놓치게 된다. 어려운 수라면 모를까, 자신의 능력으로 충분히 볼 수 있는 수를 놓쳤을 때 아쉬움은 클 것이다. 어떤 기사는 나중에 그런 수를 발견하고 머리를 치기도 한다.

이와 관련하여 《위기십결》에 '신물경속(愼勿輕速)'이란 말이 있다. 신중을 기하여 경솔함을 삼가라는 말이다. 옛날 사람들도 바둑을 둘 때 경솔하게 두어 실수를 하는 일이 많았던 모양이다.

기업을 경영할 때는 더더욱 신물경속의 자세를 지닐 필요가 있다. 자칫 흐름을 잘못 읽을 경우 막대한 피해를 입기 때문이다. 그러므로 경영자는 항상 시장 상황을 모니터링하고, 잘못 판단한 부분은 없는지 늘 살펴 보아야 한다.

끝내기
마무리를 잘 해야
승자가 된다

끝내기는 중반전을 통해서 확보한 영토의 경계선을 완성하는 작업이다. 끝내기를 제대로 하지 않으면 다 된 밥에 코 흘리는 것처럼 최후의 승리를 놓치기 쉽다.

끝내기에서는 두는 수의 크기에 대한 계산이 필수적이다. 영토의 윤곽이 분명해진만큼 수치로 크기를 나타낼 수 있다. 기업에서 손익계산을 통해 사업을 점검하는 것과 같다.

끝내기에서는 수치 계산과 함께 뒤탈이 나지 않도록 모니터링을 하는 것도 중요하다. 무엇보다 상대방에게 끌려다니지 않고 선수로 처리하는 것이 중요하다.

고수는 밥 먹듯이
형세판단을 한다

언제부턴가 우리 사회는 경제가 어렵다는 말이 일상화된 것 같다. 만나는 사람마다 사업이 힘들고 먹고 살기가 힘들다고 한다.

현실이 그렇다 하더라도 비관적으로 바라보는 것은 좋을 것이 없다. 한국인은 신명이 나야 성과를 내는 스타일이기 때문이다. 우리는 신바람이 나면 월드컵 4강과 같은 일도 거뜬히 해 낸다.

비관적인 분위기는 경제 전반에 악영향을 끼친다. 거북이처럼 움츠러들다 보니 지갑이 닫히고 내수가 줄어들어 기업들도 의욕이 떨어진다.

낙관형과 비관형

대국 중에 형세, 즉 반상의 경제상황을 객관적으로 바라보는 것이 중요하다. 그런데 똑같은 상황이라 해도 개인적 성향에 따라 형세를 보는 눈에 차이를 보인다. 이처럼 판세를 바라보는 관점에 따라 프로 기사의 유형을 낙관형과 비관형으로 나누기도 한다.

낙관형은 형세가 자신에게 유리하다고 해석하는 타입이다. 다른 사람이 보면 별로 유리해 보이지 않는데도 자신은 좋다고 여기는 경우가 많다. 현재는 집이 좀 부족해도 나중에 벌어들일 수 있다고 본다. 반면에 비관형은 형세를 불리한 쪽으로 해석한다. 다른 사람이 보기에는 형편이 그리 나빠 보이지 않는데도 형세를 비관한다.

만일 낙관형이 우리 사회와 경제 상황을 본다면 어떻게 얘기할까? 아마도 이렇게 말할 것이다.

우리는 역사적으로 항상 위기를 느끼며 살아왔다. 우리가 어렵지 않은 적이 언제 있었던가. 중국과 일본의 틈바구니에 낀 샌드위치 신세이며, 부존자원이 없는 나라다. 더구나 남북으로 분단되어 전쟁의 위협이 사라지지 않는 상태다. 이런 어려운 여건에도 요즘 우리는 얼마나 잘 살고 있는가.

반면에 비관형은 전혀 다르게 평가한다.

정수현 9단의 고수경영

우리 경제는 이제 동력이 떨어졌다. 중국이 무섭게 추격해 오고 있다. 수출이 줄어들고 있다. 젊은이들은 대학을 졸업해도 일자리 구하기가 하늘의 별따기다. 앞으로 노인이 득시글거리는 세상이 온다. 아이들을 낳지 않아 일할 사람이 없고, 노인들을 부양하기 위해 세금은 많이 내야 한다. 국가 부채와 가계 부채도 늘어나고 있다. 이러다가 외환위기가 다시 올 수도 있다.

낙관형과 비관형은 이처럼 세상을 바라보는 시각에서 큰 차이가 있다. 바둑판에서도 비슷하다. 둘 다 장점과 단점이 있지만, 아무래도 비관형보다는 낙관형이 좋은 것 같다. 바둑에서는 낙관적으로 보는 타입이 승리하는 경우가 많다. 희망적인 관점으로 판세를 바라보니 창의적인 아이디어가 나오고 멋진 묘수도 발견하게 된다.

반면에 비관형은 조금 불리한 상황에서도 우울한 기분이 되어 자폭하려는 충동을 느끼곤 한다. 자기파괴적인 생각에 잠겨 있으니 괜찮은 수가 눈에 잘 들어오지 않는다. 이런 타입은 끝까지 가지 않고 중간에 돌을 던지는 경우가 많다.

'천재'라는 별명으로 불린 일본의 야마베 9단은 전형적인 비관형 기사였다. 야마베 9단은 몇 십 수 안 둔 상태에서 자신이 불리하다고 봐 돌을 던진 적이 꽤 있다.

인생에서도 중도에 삶을 포기해 버리는 경우가 있다. 널리 알려져 있나시피 우리나라의 자살률은 세계 1위다. 바둑으로 치면 단명국(短

命局)을 두는 사람이 가장 많다는 얘기다.

＼＼ 정확한 형세판단을 하라

　사람의 행동은 경제적 상황과 밀접한 관계가 있다. 형편이 좋으면 기가 살고 형편이 어려우면 얼굴빛도 어두워진다. 바둑에서도 형편이 좋은가 나쁜가에 따라 대국자의 심리와 행동이 많이 달라진다. 형세가 불리하다고 보면 승부수를 띄우거나, 이판사판으로 무리한 작전을 쓰기 쉽다.

　이처럼 형세가 영향을 많이 주기 때문에 프로기사들은 형세판단을 매우 중시한다. 그러나 하수들은 형세판단을 대충 하거나 아예 하지 않는다. 그래서 형세에 따라 적절한 전략을 택하는 것이 사실상 불가능하다.

　형세판단은 쉽게 말하면 흑과 백이 소유하고 있는 자산이 어느 정도인지를 파악하는 것이다. 일종의 재무조사 및 회계관리라고 할 수 있다. 바둑에서 형세판단이 중요한 이유는 형세에 따라 바둑의 전략과 운영이 달라지기 때문이다. 축구에서 2대0으로 앞서 있을 때와 0대2로 뒤지고 있을 때의 전략은 같지 않을 것이다. 앞서 있는 쪽은 무리한 작전을 쓰지 않고 굳히기에 들어가려고 한다. 그러나 지고 있는 쪽은 공격수를 투입해 전세를 뒤집으려고 한다.

　형세판단은 바둑에서 최고로 어려운 기술로 인식되고 있다. 눈에 보이는 유형의 자산 외에 무형자산의 가치를 계산하는 것이 쉽지 않기 때문이다. 기업 경영도 마찬가지다. 수치화할 수 없는 무형자산의 가치를 따지는 것은 어려운 일이다. 그래서 당장 눈앞에 보이는 이익을 쫓는 경우가 많다. 그러나 진정한 고수라면 눈에 보이지 않는 것을 볼 줄 알아야 한다.

프로기사는 누구나 형세판단을 하지만 그중에서도 형세판단에 특별히 능한 이들이 있다. 이창호 9단과 일본의 이시다 9단 같은 고수들이다. 이창호는 신과 같은 계산능력이라는 뜻의 '신산(神算)'으로 통했다. 이시다 역시 계산능력이 뛰어난 '컴퓨터'로 불렸다.

이들은 뛰어난 계산능력이 있었기에 불리한 바둑도 조금씩 따라잡아 역전승을 거두는 경우가 많았다. 이창호 9단은 한 때 바둑황제 조훈현 9단을 네 번 연속 반집승으로 쓰러뜨려 심리적으로 큰 타격을 입히기도 했다. 반집은 0.5집으로 가장 미세한 차이다. 1집도 안 되는 차이로 승패가 결정되니 지는 쪽은 극도로 아쉬움을 느낄 수밖에 없다. 이창호 9단은 뛰어난 계산능력을 앞세워 세계챔피언이었던 중국의 마샤오춘 9단에게 내리 10연승을 거둔 적도 있다.

이창호 9단처럼 재무상태와 미래가치를 정확하게 파악할 수 있다면 경영 전략을 짜는 데 많은 도움이 될 것이다.

객관적으로 계산하라

형세판단의 기본원리는 흑백 쌍방이 가진 자산과 잠재적 가치를 합산하여 누가 유리한지를 판단하는 것이다. 원리만 보면 무척 간단하다. 주의할 점은 객관적 입장에서 판단을 해야 한다는 것이다. 자산을 부풀리거나 반대로 너무 낮게 계산하는 것은 바람직하지 않다.

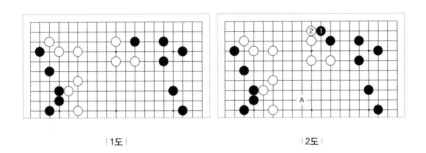

|1도|　　　　　　|2도|

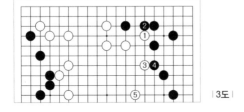

|3도|

[1도]와 같은 모양에서 흑과 백의 자산을 계산한다고 하자. 흑은 변동성이 없는 부동산을 보유하고 있다. 자산 가치를 보면 오른쪽이 35집, 왼쪽이 10집으로 45집이 확실하다. 그러나 백의 집은 자산평

　　　　　　정수현 9단의 고수경영

가가 조금 어렵다.

[2도]처럼 상변은 흑1이 선수권리이니 이렇게 될 것으로 간주해야한다. 바둑에서 감정가를 매길 때는 '권리'라는 개념이 중요하다. 문제는 중앙 부근이다. A 부근이 뭔가 가능성은 있는데 현금가치로 당장 계산하기가 어렵다.

[3도]를 보자. 만일 이곳에 백1에서 백5와 같이 두어진다면 갑자기 중앙 부근에 생각지 않은 큰 집이 날 수 있다. 예상 밖의 큰 수익이다. 이런 무형의 가치를 계산하는 것은 고수들에게도 어렵다.

바둑의 형세판단법을 간단히 살펴보았는데, 자산가치를 평가할 때 객관적 감정가로 하는 것이 중요함을 알 수 있다. 자신이 가격을 올려 평가하면 거품이 낀 형세판단을 하게 된다.

한때 부동산 광풍이 사회의 이슈가 되던 시절 아파트 가격을 실제보다 부풀리는 것이 유행인 적이 있었다. 이런 거품은 오랫동안 계속되어 지금까지도 사회 전체에 악영향을 끼치고 있다. 이렇게 거품을 넣어 평가하면 형세판단을 정확하게 할 수 없다.

이것은 바둑에서 30집 정도로 계산했던 집이 나중에 보니 20집 이하인 경우와 비슷하다. 이렇게 되면 대국자는 당황하지 않을 수 없다. 형세판단에서 10집 차이가 나면 전략적 의사결정에서 큰 차질을 빚게 된다. 프로라면 5집 이상 틀리면 안 된다. 정상급이라면 1집 이상 틀리면 안 된다. 그만큼 정확한 형세판단은 중요하다.

무형의 자산을 체크하라

형세를 바라볼 때 부동산이나 현금과 같은 유형자산만을 보지 말고 눈에 보이지 않는 무형자산도 살펴볼 필요가 있다. 회사에서 만든 제품이나 서비스만이 마케팅의 대상은 아니다. 개인이나 조직이 가진 지식이나 경험, 또는 실패한 이야기도 자산이 될 수 있다. 바둑을 소재로 한 만화《미생》은 프로입단에 실패한 젊은이의 이야기로 공전의 히트를 치지 않았는가.

자신의 주변에서 무형의 자산을 찾아본다면 의외로 많은 가치를 갖고 있음을 발견할 것이다. 대부분의 사람들은 그런 가치를 알아보지 못한다. 바둑의 하수처럼 무형의 잠재적 가치를 보지 못하고 형세 판단을 정확히 하지 못하기 때문이다.

기업도 마찬가지다 제품이나 서비스만이 가치 평가의 대상이 되어서는 안 된다. 기업이 가진 이미지, 즉 브랜드 역시 가치 평가의 대상이 된다. 때로는 브랜드 가치가 모든 유형자산의 가치를 뛰어넘을 수도 있다.

동양 출신으로 세계적인 비즈니스 구루가 된 노나카 이쿠지로는 조직에서 직원들이 체득한 노하우 같은 '암묵지(암묵적 지식)'를 회사의 자산으로 만들 수 있다는 이론을 주장하기도 했다. 직원들이 가진 나만의 노하우를 모아 신지식으로 만들 수 있다면 그것 또한 회사의 중요한 자산이 될 수 있을 것이다.

기업을 경영할 때는 이러한 무형의 자산을 찾아내고 정확하게 가치 평가를 할 필요가 있다. 찾지 못한 무형의 자산은 아무런 가치를 지니지 못하기 때문이다.

특히, 현재의 상황이 비관적으로 느껴질 때 정확한 형세판단은 중요하다. 이를 통해 무형의 가치를 찾는다면 새로운 도약의 기회로 삼을 수 있기 때문이다.

옵션에는
순서가 있다

바둑을 두다 보면 두고 싶은 곳이 여러 군데인 경우가 있다. 어느 곳이나 이익과 연관되기 때문에 다 두고 싶은 마음이 든다. 그러나 혼자서 다 차지할 수는 없다. 그러므로 어느 하나를 선택해야 한다.

그렇다면 고수들은 어떤 기준에 의해 선택을 할까? 바둑은 끊임없는 선택의 과정을 거치는데, 특히 한 판을 마무리하는 끝내기에서는 신중한 선택을 해야 한다.

크고 좋은 곳을 골라라

바둑에서 몇 가지 옵션을 놓고 선택할 때는 크게 두 가지 원칙을 따른다. 첫째, 대안으로 선정된 수들 중 주어진 상황에 가장 적절한 수를 고른다. 둘째, 후보들 중 가장 크고 좋은 곳을 선택한다.

상황에 적절한 수라는 것은 예를 들어 적을 공격하는 상황일 경우 공격하는 목적에 가장 합당한 수를 가리킨다. 쫓기는 돌을 살려내야 할 때는 상대편의 포위망을 벗어나는 데 가장 도움이 되는 수가 상황에 적절한 수가 된다. 상대방이 무리한 수로 굴복을 강요하는 장면이라면 그 수를 응징하는 것이 상황에 적합한 수가 될 것이다.

두 번째 기준인 크고 좋은 곳은 현재 상황에서 가장 가치가 큰 곳을 말한다. 이것 역시 크게 보면 주어진 상황에 가장 적절한 수가 된다. 그러나 수의 경제적 가치로 적절성을 판단한다는 점에서 다르다.

이러한 선택 기준은 이치상 극히 당연한 것이다. 특별한 사유가 없다면 옵션 중에서 채산성이 가장 좋은 것을 고르는 것이 유리하기 때문이다. 그런데 실제로는 이런저런 이유로 이 원칙을 따르지 못하는 경우가 많다.

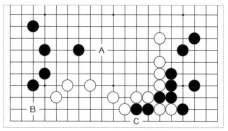

|1도|

[1도]에서 백이 A, B, C 중에서 한 곳을 고르려고 한다고 하자. 어니에 두는 것이 가상 좋을까?

바둑팬에게 이 문제를 낸다면 답을 맞히는 사람이 많지 않을 것 같다.

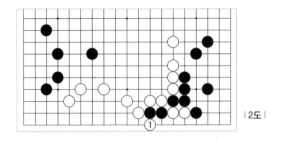

|2도|

대부분은 [2도]처럼 백1로 흑 두 점을 잡는 수를 선택할 것이다. 이 수는 공격본능에 영합하는 수이기 때문이다.

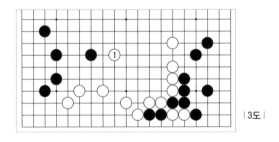

|3도|

아니면 [3도]처럼 백1을 고르는 사람도 있을 것이다. 중앙 백집이 큼직해 보이기 때문이다.

반면에 [4도]처럼 백1에 두는 수를 택하는 사람은 별로 없을 것이다. 바둑 두는 사람들이 패망선으로 여기는 제2선에 두는 수이기 때문이다.

•   정수현 9단의 고수경영

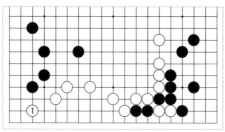

|4도|

그러나 각 수들의 가치를 정확히 따져보면 얘기는 달라진다. [4도]
의 백1에 두는 수는 20집 이상, [2도] 흑 두 점을 잡는 수는 10집,
[3도]의 중앙에 두는 수는 10여 집 정도 된다. 실제로는 백1의 가치
가 훨씬 크다.

이렇게 바둑에서는 가장 큰 곳을 두지 않고 더 작은 곳을 선택하는
일이 흔하게 벌어진다. 크기를 정확히 계산하지 못하고 느낌으로 대
충 두거나 자신의 기호를 따르기 때문이다.

긴급한 곳 먼저

바둑에서 옵션을 선택하는 또 하나의 기준은 긴급한 곳이다. 경제
적인 것보다 더 긴급한 문제가 있다면 그곳을 먼저 처리해야 한다.

이는 바둑에만 적용되는 것이 아니다. 예를 들어, 사람의 생명과
관련된 일이라면 경제적 이해득실을 떠나 가장 먼저 처리해야 한다.

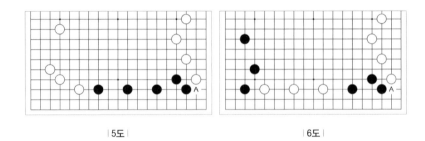

|5도|　　　　　　　　　|6도|

[5도]의 모양에서 A에 두는 수는 15집 가량되는 큰 끝내기다. 보통은 끝내기를 할 때 두지만, 이창호 9단은 이 수를 중반전이 끝나자마자 두기도 했다.

[6도]는 [5도]와 비슷하지만 왼쪽의 사정이 다르다. 이 경우 A는 훨씬 더 중요하다. 왜냐하면 백이 먼저 A에 둘 경우 흑돌의 생사 문제가 대두되기 때문이다.

이렇게 안전에 문제가 생길 수 있다면 비슷한 곳이라도 그곳을 먼저 두는 것이 타당하다.

이처럼 바둑에서 끝내기를 선택할 때 사용하는 기준은 기업 경영에도 응용될 수 있다. 보통은 옵션이 여러 가지 있을 때 경제적인 가치가 큰 것을 고르면 된다. 그런데 경제적인 가치로 따지기 어려울 때는 선택이 어려울 수 있다. 이럴 때는 '긴급성'을 고려해야 한다. 때로는 경제적인 가치를 떠나 가장 먼저 처리해야 하는 일이 있기 마련이다.

이와 관련된 것이 '윤리경영'의 문제이다. 예를 들어, 의도치 않게 결함이 있는 제품이나 서비스를 출시했다고 하자. 이로 인해 소비자

　　　●　　　　　　　　　　　　정수현 9단의 고수경영

에게 피해가 발생해서 보상을 해 줄 경우와 리콜을 할 경우를 따져보니 피해 보상보다 리콜이 두 배의 비용이 더 든다는 결과가 나왔다.

이 경우 경제적인 관점에서 보면 모른 척하고 있다가 피해가 발생하면 개별 보상을 해 주는 것이 낫다. 그러나 경제적인 관점에서만 바라보고 결정을 내렸다가는 소비자에게 신뢰를 잃는 잘못을 저지르게 된다. 최근 세계적인 기업들이 결함을 발견했을 때 자발적 리콜을 실시하는 경우가 많은 것은 한 번 잃은 신뢰는 회복하기 어렵다는 것을 잘 알고 있기 때문이다.

빈틈을
모니터링하라

　힘든 과정을 거쳐 어떤 일을 완성하려는 순간에 문제가 터지는 경우가 있다. 또한 완성 후에 문제가 발생하여 그간의 노력을 수포로 돌리는 경우도 있다. 지은 지 얼마 되지 않았는데 물이 샌다거나, 건물에 금이 가는 것과 같은 경우가 그렇다. 이 경우 경제적으로 막대한 피해를 입을 뿐만 아니라 부실공사업체라는 낙인까지 찍히게 된다.

　따라서 마무리를 했다고 해서 끝났다고 생각하면 안 된다. 마무리한 뒤에도 문제가 생길 가능성은 없는지 점검해야 한다. 바둑에서는 나중에 문제가 생길 것만 같은 곳을 '뒷맛'이라고 부른다. 이런 뒷맛을 잘 관리해야 최후의 승자가 될 수 있다.

집 속에서 수가 난다

영토전쟁의 게임인 바둑에서는 전투를 하는 능력과 함께 영토, 즉 집을 관리하는 능력이 필요하다. 경계선을 빈틈없이 완성하여 적이 침입하지 못하도록 해야 한다. 경계선이 완전하지 못하면 빈틈이 생겨 수가 나기 쉽다.

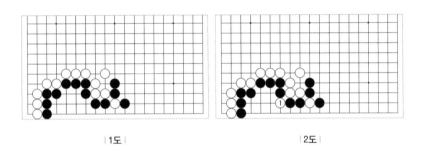

|1도|　　　　　　　　　　|2도|

[1도]는 중국 명나라 때 과백령이 지었다는《관자보(官子譜)》라는 묘수풀이 책에 나오는 모양이다. 흑집의 경계선이 완성된 곳으로 보이는데 실은 중대한 약점이 있다. 바로 [2도]의 백1로 끊는 수이다. 이 수를 당하면 흑집은 무너지게 된다.

백1에는 [3도]처럼 흑2의 호구로 받아주는 것이 최선의 응수다. 그때 백3을 결정하고 백5에 두는 수가 있다. 이에 흑6으로 받으면 백7에 두어 수가 난다. 이렇게 되면 흑집 속에서 사건이 생겨 흑이 곤란하디.

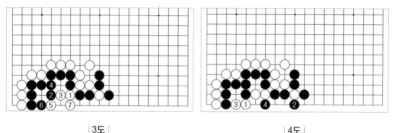

| 3도 | | 4도 |

따라서 흑은 [4도]처럼 백1에 둘 때 흑2로 한 점을 따내 양보할 수밖에 없다. 그러면 백3 때 흑4에 두면 빅이 되어 흑돌이 잡히는 화는 면할 수 있다. 하지만 흑집으로 간주했던 왼쪽은 더 이상 흑집이 아니다.

이처럼 완성된 경계선으로 보이는 곳에도 약점이 있을 수 있다. 그런 약점을 체크하여 지키지 않으면 다 된 건물의 한 쪽이 무너지는 사태가 벌어지게 된다.

기업 경영도 이와 같다. 따라서 항상 시장상황과 같은 외부 환경뿐만 아니라, 조직관리 같은 내부 환경에도 신경을 써야 한다. 위기는 안전하다고 느낄 때 찾아오는 법이다.

꺼진 불도 다시 보자

바둑에서 집 속의 약점은 자세히 보지 않으면 잘 보이지 않는 경우가 많다. 그래서 '꺼진 불도 다시 본다'는 자세로 확인해야 한다.

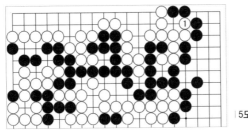

|5도|

[5도]는 한국바둑리그라는 공식 프로기전에서 이정우 5단이 목진석 9단에게 집 속의 수를 못 보아 뼈아픈 반집패를 당한 바둑이다. 흑번인 이정우 5단의 승리가 예상된 가운데 목진석 9단이 백1로 마지막 끝내기를 했다. 이 수를 단순한 1집 끝내기로 생각한 이정우 5단은 승리를 확신하며 뿌듯한 기분으로 공배를 메워갔다.

그런데 공배를 다 메우고 나서 목진석 9단이 귀에 가일수[4]를 요구하자 깜짝 놀라지 않을 수 없었다.

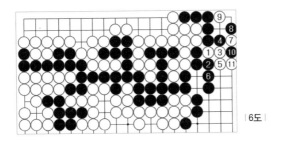

|6도|

[6도]처럼 흑이 두지 않으면 백1에 끊는 수가 있기 때문이었다. 보

---

4) 바둑에서 자신의 모양을 지키기 위해 한 수 더 두는 것을 말한다.

통은 수가 나지 않는 모양이지만, 이 경우 백5에 두면 왼쪽에서 기다랗게 이어져 온 흑대마와 흑2의 돌이 양단수가 되므로 흑6으로 물러서야 한다. 그때 백7에 젖히고 9에 두면 큰 패가 난다.

뒤늦게 이 수를 발견한 이정우 5단은 큰 충격을 받았다. 한참을 생각한 후 결국 가일수를 했는데 결과는 흑의 반 집 패배였다. 이곳의 약점을 못 보아 패배를 당한 것이다. 만일 이 수를 보았다면 흑은 종반에 끝내기를 달리 하여 가일수를 하지 않도록 할 수가 있었다.

기업 경영에서도 완벽해 보이는 제품이나 서비스에 문제점이 없는지 확인하는 습관이 필요하다. 또한 조직 안에 이와 같은 약점이 있는지도 늘 살펴야 한다. 문제를 해결했다고 해서 신경 쓰지 않으면 같은 문제가 또 발생할 수 있다.

불경기에는
작은 승부수를 날려라

많은 사람들이 요즘 경기가 좋지 않다고 느끼고 있다. 불경기는 비즈니스의 최대 적이다. 고객의 소비심리가 얼어붙어 매출이 줄어들고 자칫하면 회사가 문을 닫게 될 수도 있기 때문이다. 그래서 불황이 계속 되면 기업을 운영하는 경영자들은 전전긍긍할 수밖에 없다. 어떤 의미에서 불경기는 경영자의 능력을 테스트하는 시험대라고 볼 수 있다.

불황을 탈출하기 위한 효과적인 전략이나 묘수는 없을까? 형세의 유·불리에 따라 전략이 달라지는 바둑에서 불경기의 대처 방법을 알아보기로 하자.

참고 기다릴까, 승부수를 던질까?

바둑에도 호경기와 불경기가 있다. 불경기가 되면 매출 부진에 시달리는 기업인처럼 고수들도 괴로운 심정이 된다.

이런 경우 고수들이 쓰는 전략에는 두 가지가 있다. 하나는 불리한 상황을 꾹 참고 기다리는 방법이다. 다른 하나는 과감하게 승부수를 날려 반전을 꾀하는 방법이다.

기다리는 전략은 주로 끈기와 인내력이 강한 기사들이 쓴다. 돌부처 이창호 9단과 이중허리 린하이펑 9단 같은 기사가 대표적이다. 이창호 9단은 불리한 상황에서도 무리하지 않고 조금씩 따라붙으며 기회를 만드는 것으로 유명했다. 중국 출신으로 일본 바둑계의 정상에 섰던 린하이펑 9단은 이중허리라는 별명처럼 끈기와 인내의 화신이었다.

이들 인내형 기사들은 참고 기다리면 기회는 오게 되어있다는 철학을 갖고 있다. 불경기라고 해서 항상 불리한 상황이 이어지는 것은 아니며 시간의 흐름에 따라 도약의 찬스가 온다고 믿는 것이다.

인내파와 달리 불리할 때 과감하게 승부수를 날리는 타입도 있다. 대체로 투사형 기사들이 이 방법을 즐겨 쓴다. 전신(戰神) 조훈현 9단이나 이세돌 9단 같은 기사들이다. 이들은 가만히 앉아서 기다리는 방법보다는 불황을 극복하기 위해 과감한 승부수를 던져 돌파구를 찾는다. 기업에 비유하면 불경기 때 오히려 공격적인 경영을 하는 것과 같다.

인내하며 작은 승부수를 던진다

불경기에 인내 전략과 승부수 전략 중 어느 것을 쓰는 것이 좋을까? 역전 가능성으로 보면 승부수 전략이 훨씬 더 효과적이다. 기다리는 전략보다 공격적이고 과감한 방법을 쓸 때 전세가 역전될 가능성이 높기 때문이다. 그러나 승부수 전략은 리스크가 크다. 시도했다가 실패할 경우 회복불능이 될 수 있다. 그래서 승부수를 쓸 때는 옥쇄(玉碎)[5]를 각오해야 한다.

반면에 인내 전략은 반전 가능성은 낮지만 갑자기 쓰러지는 일은 없다. 하지만 누워서 감 떨어지기를 기다리듯 안일하게 참고만 있어서는 도약의 기회를 만들기 힘들다.

회복불능 상태를 피하면서 역전 가능성을 높이는 방법은 인내하며 다양한 시도를 하는 것이다. 사실 이창호 9단 같은 경우 마냥 기다리지만은 않았다. 끊임없이 가능성을 엿보는 수를 던지며 두어갔다. 권투선수의 잽과 같이 리스크가 작은 승부수를 계속 날렸던 것이다.

이창호 9단의 기다리는 전법에 당한 기사들은 이렇게 말한다.

"이창호는 불리한 상황일 때 미묘한 승부수를 두어 온다. 평범해

---

5) 옥처럼 아름답게 부서진다는 뜻으로, 크고 올바른 일을 위해 명예를 지키며 깨끗이 죽는 것을 비유적으로 이르는 말. 바둑에서는 돌을 던질 것을 각오한 자세를 말한다.

보이는 수인데도 상대가 까딱하면 말려들 수를 구사한다."

이 방법은 불경기 때 기업들이 채택할 만한 전략이다. 공격적인 경영으로 과감히 승부수를 날리는 것도 좋지만 실패할 경우 회복불능에 이르게 된다면 아니하는 것만 못하다. 그렇다고 견디면서 호시절이 오기만을 기다리는 것도 좋은 방법은 아니다. 따라서 리스크가 작은 승부수를 시도하며 기다리는 것이 좋다.

더불어 불황을 너무 비관적으로 봐서도 안 된다. 비관적으로만 바라보면 도약의 기회는 오지 않는다. 호시절이 있으면 불경기도 있는 법. 현재의 불황을 경영체질을 강화할 기회로 활용할 필요가 있다.

바둑에서 아무리 뛰어난 고수라도 한동안 부진을 겪는 경우가 있다. 프로기사들은 이를 '암흑기' 또는 '지옥의 터널' 등으로 묘사한다. 부진에 빠져 있을 때는 이상하게 바둑이 잘 안 풀리고 어떻게 두어도 패할 것 같은 느낌에 시달린다. 그러나 마음을 다잡고 부진을 견뎌내면 어느 날 갑자기 바둑판이 밝게 보이기 시작한다. 기사들은 이렇게 부진을 벗어나면 실력이 한 단계 도약한다고 한다.

이처럼 기업 경영에서도 불경기를 성장과 도약을 위한 수련기로 생각하면 어떨까. 사실 호경기 때 몰려드는 고객으로 매출을 올리는 것은 고수의 경영이라고 보기 어렵다. 불경기야말로 고수들의 경영 전략을 실험할 수 있는 무대이다. 그렇다고 과감한 승부수를 던지라는 말은 아니다. 리스크가 작은 승부수로도 얼마든지 불경기를 헤쳐 나갈 수 있다. 진정한 고수는 위기에서 빛나는 법이다.

정수현 9단의 고수경영

복기
경영에도 복기가 필요하다

복기(復棋)는 한 판을 두고 나서 돌이켜보며 잘잘못을 짚어보는 것
이다. 바둑에서만 볼 수 있는 매우 훌륭한 관습이다. 자신의 행동을
되돌아보며 반성한다면 많은 발전이 있을 것이다.

다른 분야에서도 이러한 복기 관행을 벤치마킹하면 좋을 것이다.
특히 기업을 경영하는 CEO들은 회사 내에서 동일한 실수나 시행
착오를 줄이기 위해서 프로기사처럼 복기를 하라고 강조한다.

활동한 후
반드시 기록을 남겨라

기업이나 관공서 등 어느 조직을 막론하고 활동 기록을 남겨두는 것은 매우 중요하다. 다음에 비슷한 일을 할 때 중요한 참고자료로 활용될 수 있기 때문이다. 기록을 할 때는 잘한 것뿐만 아니라 잘못한 것도 정확하게 기록해야 한다. 어찌 보면 잘못한 것을 제대로 기록하는 것이 더 중요할 수도 있다. 똑같은 실수를 하는 것처럼 비효율적인 것은 없기 때문이다.

기록은 쌓이면 쌓일수록 훌륭한 자산이 된다. 세계기록유산으로 등재되어 있는 《조선왕조실록》과 《승정원일기》는 조선시대의 정치, 경제, 사회, 문화 등이 기록되어 있어 후손들에게 풍성한 문화콘텐츠를 제공하고 있다.

이처럼 기록이라는 것은 조직과 개인의 성장과 발전에 큰 도움을 주는 행위라 할 수 있다.

중국인은 바둑기록을 남겼다

서양의 바둑팬 중에는 자신이 둔 대국의 수순(手順)을 기록해 두는 이들이 있다. 반면 우리나라 아마추어들은 자신이 둔 바둑을 기록으로 남길 생각을 하지 않는다.

우리 조상들도 기록으로 남기는 것에 인색했다. 우리나라에는 삼국시대부터 조선시대까지 숱한 바둑이야기와 바둑을 읊은 시가(詩歌)들이 남겨져 있다. 이순신 장군도 《난중일기》에서 바둑 둔 얘기를 자주 하고 있다. 고려시대에는 현대판 이창호 9단 같은 신동 곽희빈이 출현해 관료들의 바둑모임에도 참석했다고 적혀 있다. 조선시대에는 일반 서민층과 여성도 바둑을 즐겼다고 기록하고 있다. 그러나 아무도 대국을 기록으로 남긴 사람은 없다.

필자는 종종 '우리 선조들이 대국 기록을 서너 개만이라도 남겼으면 얼마나 좋을까' 하는 아쉬움을 느낀다. 우리 조상들은 중국이나 일본과는 다른 형태의 바둑을 두었는데, 대국 기록이 없어 정확한 내용과 기술 등에 대해 전혀 알 수 없다. 반면에 중국과 일본에서는 대국의 수순을 기록해 놓은 기보(棋譜)가 여러 개 전해져 온다.

중국 원나라 때 만들어진 《현현기경》이란 책에는 당시의 바둑을 보

정수현 9단의 고수경영

여주는 기보, 대국장면 기록, 바둑의 철학과 전략, 정석과 사활묘수 등 다양한 내용들이 담겨 있다.

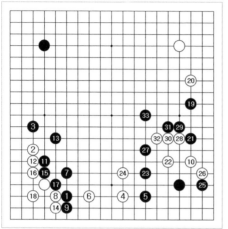

|1도|

[1도]는 《현현기경》에 실려 있는 기보 중 하나인데, 옛날 중국에서는 대각선으로 흑과 백의 바둑돌을 두 점씩 놓고 시작했다는 것을 알 수 있다. 또한 이 기보를 통해서 옛날 중국 고수들의 수법과 전략 등을 엿볼 수 있다. 오늘날의 관점에서 보면 이상한 수들도 있지만 오늘날의 수도 이런 수들로부터 진화해 온 것이 틀림없다.

기록으로 문화콘텐츠를 만들다

일본에서는 17세기경부터 대국기록을 남겼다. 국가의 지원 아래

바둑 전문가 시스템을 확립한 일본은 명인고수들의 주옥 같은 기보를 모두 기록으로 남겼다. 우리는 사랑방에서 바둑을 여흥으로 즐겼던 시절에 일본은 오늘날의 프로기사와 비슷한 전문가를 배출하며 바둑에서 색다른 경지를 개척했다.

일본은 이때의 기보를 가지고 스토리텔링을 덧입힌 문화상품을 만들어 세계에 널리 보급했다. 세계적으로 히트를 쳤던 애니메이션 영화 〈하카루의 바둑〉은 한국에서도 〈고스트 바둑왕〉이란 만화와 영화로 큰 인기를 끌었다. 여기에 나오는 유령 바둑왕은 바로 18세기의 고수 슈사쿠 명인이다.

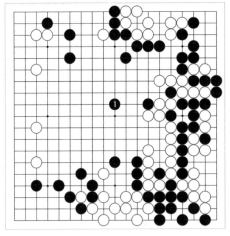

| 2도 |

[2도]는 슈사쿠가 남긴 '이적(耳赤)의 묘수'를 담고 있는 기보다. 이 바둑은 백을 쥔 이노우에 인세키 준명인(8단)이 순풍에 돛 단 격으로 잘 나가는 중이었다. 그러나 슈사쿠가 흑1에 두는 순간 인세키의 귀

가 빨개졌다고 한다. 그래서 '이적의 묘수'라 부른다.

그런데 이 묘수는 일반적인 묘수와는 달리 특별해 보이지 않는다. 상대방의 폐부를 찌르는 듯한 예리한 수도 아니고, 교묘한 기교로 큰 성과를 거두는 수도 아니다. 그저 중앙 방면에 흐리멍덩하게 던진 수처럼 보인다.

그런데 평범해 보이는 이 수는 세 가지 목적을 담은 '일석삼조'의 묘수였다. 이 수를 기점으로 형세의 흐름이 바뀌고 결국 슈사쿠의 승리로 끝이 났다. 시합에서 진 야심 많은 인세키는 바둑계 최고의 보위에 오르려는 야망에 타격을 입었음은 물론이다.

일본에서는 이런 스토리가 담긴 기보를 포함하여 명인들의 많은 기보들이 전해 내려온다. 일본인들은 각 명인들의 기보를 모아 책으로 엮었다. 슈사쿠 명인의 기보집은 바둑을 전문적으로 공부하는 선수들뿐만 아니라 바둑팬들도 즐겨 감상한다. 서양의 바둑팬 중에는 일본의 이러한 바둑콘텐츠에 매료되어 일본어를 배우고 일본문화를 배우려 하는 이들이 적지 않다.

이처럼 일본이 흘러간 과거의 데이터를 정리하여 문화콘텐츠로 만들고 정신적 가치를 창조하게 된 것은 기보를 남긴 덕분이었다.

다른 분야에서도 기록이 중요함은 말할 필요가 없다. 기업에서 새로운 도전을 하여 실패했다가 고진감래로 성공을 거두었다고 하자. 이 생생한 경험을 기록으로 남긴다면 그 자체가 새로운 상품이 될 수 있다.

과거를 음미하는 즐거움

무엇보다도 기록을 남기면 과거로부터 현재까지의 과정을 되돌아보며 문제점을 분석하고 개선할 수 있다. 요즘을 흔히 빅 데이터의 시대라고 말한다. 기록을 남겨 데이터를 쌓아두었다가 이를 잘 활용하면 남들보다 경쟁력을 가질 수 있을 것이다.

어떤 분야든 급변하는 세상에 신속히 대처하는 것이 중요하다. 특히 기업들은 새로운 상품이나 서비스를 제공하지 못하면 순식간에 도태된다. 그런데 미래를 예측하는 데 가장 유용한 수단은 과거를 살펴보는 것이다. 이 세상에 존재하는 그 어떤 제품이나 서비스도 어느 날갑자기 하늘에서 뚝 떨어진 것이 아니다. 모두 과거의 것을 바탕으로 발전한 것이다.

그럼에도 과거의 기록을 살펴보는 것을 시간낭비라고 생각하는 사람들이 많다. 매일매일 쏟아지는 새로운 정보를 받아들이는 것만으로도 벅차다고 생각하기 때문이다. 바둑 분야에서도 매일 새로운 정보가 홍수처럼 밀려온다. 이세돌과 구리의 십번기, K바둑리그, 국제프로기전 등 관심을 끄는 기보들이 수두룩하다. 이 때문인지 몰라도 바둑팬들은 흘러간 기보를 돌이켜 볼 생각을 하지 않는다.

그러나 과거의 기보를 들여다 보는 일도 새로운 기보를 분석하는 것만큼 중요하다. 한국인 최초로 국제대회를 석권했던 조훈현 9단의 응씨배 기보라든가 일본의 3대 기성으로 꼽히는 도사쿠, 슈사쿠, 우칭위안 등의 흘러간 명국을 다시 감상해 보면 볼 때마다 새로운 것을 느낄 수 있다.

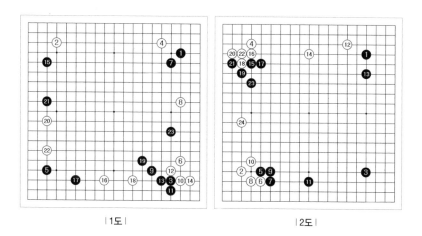

|1도| |2도|

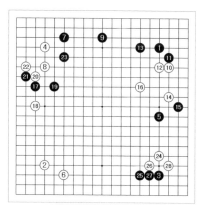

|3도|

[1도]는 슈사쿠 명인이 1847년에 둔 바둑이다. '슈사쿠의 마늘모'로 불리는 흑7의 수 등 고선의 향기를 풍기고 있다.

[2도]는 1941년 중국 출신 최고수 우칭위안 9단과 일본의 고수 기타니 미노루 9단이 둔 바둑이다. 실리파인 기타니가 백으로 실리를 취하고 우칭위안이 세력 전법을 펴고 있다.

[3도]는 작년에 이세돌 9단이 중국의 구리 9단을 6대2로 꺾고 8억여 원의 상금을 획득한 바둑이다. 이 기보를 보면 현대바둑다운 다이내믹한 전법을 볼 수 있다. 흘러간 기보인 앞의 두 바둑과는 다른 느낌을 준다.

하지만 흘러간 기보를 음미해 보면 새로운 맛이 난다. 셰익스피어의 작품은 다시 읽을 때마다 색다른 느낌을 받는다는 말처럼 과거의 기보도 다시 감상할 때마다 색다른 묘미를 발견할 수 있으며, 더불어 새로운 교훈도 얻을 수 있다.

일본의 바둑인들은 과거의 명인들을 기억하기 위해 그들의 생가나 역사적인 장소를 유적지로 만들었다. 이태리나 프랑스 역시 조상들이 남긴 건물이나 작품을 상품화하여 엄청난 관광수익을 올리고 있다.

이 예에서 보듯이, 첨단산업만이 경쟁력을 갖는 것은 아니다. 과거의 것도 발굴하기에 따라서는 얼마든지 훌륭한 상품이 될 수 있다. 정보의 홍수 속에 과거의 것을 모두 흘려보내는 잘못을 범해서는 안된다.

복기를 해야
발전할 수 있다

복기(復棋)란 바둑을 두고 나서 두 사람이 다시 놓아보며 수의 잘잘못을 분석하는 것을 말한다. 치열하게 싸움을 하고 난 상대방과 그 과정을 되돌아보며 자신들이 둔 수에 대해 토론하는 것이다. 이것은 바둑에서만 볼 수 있는 독특한 관행이다.

앞의 사진은 한국 바둑리그에서 정관장팀의 박정환 9단과 신안천일염팀의 이세돌 9단이 대국을 마치고 복기를 하는 장면이다. 시합이 끝난 후 서로 의견을 말하며 수의 잘잘못을 검토하고 있다. 최고수들의 빅게임이라 그런지 다른 프로기사들도 복기하는 모습을 지켜보고 있다.

˙˙˙ 복기는 시행착오를 줄여준다

기업 경영에서 이러한 복기의 습관을 들이면 많은 효과를 거둘 수 있다. 무엇보다도 복기를 하면 비슷한 잘못을 되풀이하는 어리석음을 피할 수 있다.

그래서 많은 경영인들이 복기의 필요성을 강조하곤 한다. 김순택 전 삼성미래전략실장은 한 일간지와의 인터뷰에서 "똑같은 실수를 피하려면 바둑 두는 프로기사처럼 복기를 하라"고 강조했다. 그는 아인슈타인의 "세상에서 가장 어리석은 짓은 같은 일을 몇 번이고 되풀이하면서도 매번 다른 결과를 소망하는 것"이라는 말도 소개했다.

사실 사람들은 똑같은 시행착오를 되풀이하는 습관이 있다. 시행착오를 여러 번 겪고서야 반성을 하지만 이미 때가 늦은 경우가 많다. 반복된 시행착오를 줄이기 위해서는 복기가 꼭 필요하다. 자신이 행한 것을 되돌아보며 악수나 실수 등을 찾아내 고치면 시행착오는 줄어들 것이다.

프로기사들은 복기를 할 때 주로 실착이나 패착을 중심으로 분석한다. 만약 자신이 방심한 것이 원인이었다면 그것을 반성하고 앞으로 같은 실수를 하지 않으려고 마음먹는다. 지나친 욕심 때문에 패착을 두게 되었다면 앞으로 욕심을 다스리겠다고 다짐한다.

필자의 경험에 비추어 보면 이런 실수는 기술력의 부족보다도 마음가짐과 같은 심리적인 요인 때문인 경우가 많다. 상대를 얕보았다거나, 신중하게 생각지 않고 빨리 두었다거나, 형세를 낙관하여 너무 물러섰다거나 하는 것이 패인이 되는 것이다. 이처럼 심리적인 원인때문에 벌어진 실수는 되돌아 보고 뼈져리게 반성하지 않으면 되풀이하기 쉽다. 이는 복기를 통해 깊이 반성하고 다음부터는 같은 실수를 하지 말자고 굳게 다짐할 때 개선할 수 있다.

복기는 실력을 향상시킨다

복기는 시행착오를 줄일 뿐만 아니라 실력을 향상시키는 데도 도움이 된다. 실수나 패착을 반성하고 이를 스스로 교정하는 것도 실력향상에 도움이 되지만, 상대방과 복기를 하면서 바둑기술에 관한 다양한 의견을 주고받는 것도 도움이 된다.

프로기사들은 복기를 할 때는 "여기서 뛰어든 것이 좀 시기상조였나?", "이렇게 공격하면 어떻게 둘 생각이었쇼?"와 같은 식으로 대화를 한다. 이렇게 하면 한 가지 상황에 대해 여러 가지 시나리오를 그려볼 수가 있어 좋은 공부가 된다.

복기는 구경하는 것만으로도 도움이 된다. 그래서 고수들의 대국이 끝나고 나면 다른 기사들이 몰려들어 의견을 듣기도 한다.

재미있는 것은 하나의 대국을 여러 번 복기해도 얻을 것이 많다는 점이다. 예전에 필자는 서봉수 9단과 시합이 끝난 후 복기를 하고, 나중에 다른 기사들과 두어 차례 더 복기를 해 본 적이 있다. 처음에는 이름 있는 프로들과 복기를 했고, 그 다음에는 레벨이 좀 낮은 프로들과 복기를 했다. 두 복기에서 비슷한 결론을 얻었지만, 각각 색다른 의견이 나와 흥미로웠다. 물론 실력이 낮은 집단에서 나온 의견에서도 배울 점이 많았다.

기업 경영에서도 복기는 중요하다. 조직 내부의 의견을 듣는 것도 중요하지만 조직 외부의 의견을 들어보는 것도 큰 도움이 될 것이다. 혹은 전혀 다른 분야의 의견을 들어보는 것도 좋을 것이다. 반영하기 어려운 의견이라 하더라도 다양한 견해를 들어본 것만으로도 많은 도움이 될 것이다.

복기가 실력을 향상시키는 데 유익하기 때문에 전문바둑도장 같은 곳에서는 아예 복기를 교육프로그램으로 넣고 있다. 원생들의 대국을 사범이 복기해 주며 다른 원생들은 옆에서 구경을 하도록 한다. 그리고 구경하는 원생도 의견이 있으면 얘기하도록 한다.

이때 복기를 주도하는 사범은 주의해야 할 점이 있다. 약간 엉뚱한 의견이 나왔을 때 핀잔을 주거나 묵살하면 안 된다는 것이다. 예전에 일본에서 활동하는 한국 출신 프로기사에게 들은 것인데, 바둑연구회에서 젊은 기사가 약간 비상식적인 수를 제시하자 나이 든 기사가 손에 들고 있던 부채로 그 기사의 머리를 툭 치면서 "이 녀석아, 그 따위 수가 어디 있어?" 하더란다. 이런 분위기에서는 자유로운 토론이 이루어지기 어렵고 진정한 복기가 되지 않는다. 자기와 다른 의견을 경청하고 자유롭게 토론하는 가운데 진리에 가까워지는 법이다.

복기를 생활화하라

지난 일을 돌아보는 복기는 한두 번으로 그쳐서는 큰 도움이 되지 않는다. 이를 생활화할 때 비로소 도움이 된다. 그런데 복기는 감정이 개입되면 하기가 힘들다. 특히 괴롭거나 불쾌했던 일은 다시 떠올리기가 힘들 것이다. 하지만 이런 경험일수록 복기를 통해 극복해야 한다. 좋았던 것만 떠올려서는 발전하기가 어렵다.

시합이 끝나고 나면 패한 쪽은 대부분 참담한 기분이 들 수밖에 없다. 게다가 거의 이길 뻔했던 게임을 아깝게 졌을 때는 아쉬움을 떨치기 어렵다. 이럴 때 진 바둑을 다시 되돌아본다는 것은 쉬운 일이 아니다. 그래서 분한 감정을 이기지 못하고 시합이 끝난 후 그냥 일어서는 기사도 있다. 예전에 이창호 9단에게 연전연패를 당하던 중국의 최강자 마샤오춘 9단이 그랬다. 유리했던 바둑을 역전 당했으니 복기고 뭐고 빨리 시합장을 떠나고 싶은 마음이었을 것이다. TV 중계방

송을 보던 바둑팬들은 마샤오춘이 복기를 하지 않고 자리를 박차고 나가자 무척 아쉬워했다.

대부분의 프로기사들은 아무리 분한 느낌이 들더라도 자신이 둔 바둑을 복기하다 보면 어느새 그러한 감정은 눈 녹듯 사라지고 진리를 탐구하는 구도자의 자세가 된다. 승자도 승리의 기쁨에 들떠 있던 기분이 가라앉으며 차분해진다. 이런 점에서 볼 때 복기는 자신의 감정을 다스리는 이점도 있다고 할 수 있다.

비판적 의견에
귀를 기울여라

조직에서 리더가 결정한 일이나 행동에 대해서 부하가 지적한다면 어떤 기분이 될까? 건방지다거나 괘씸하다는 느낌이 든다면 당신은 리더로서의 자질이 부족한 사람이다. 비판적인 의견을 수용하지 않는 조직은 발전할 수 없기 때문이다.

우리나라 사람들은 비판에 익숙하지 않다. 일의 잘잘못을 냉정하게 비판하는 데도 서툴고, 또한 남이 자신의 행동을 비판하는 것도 불편해 한다. 그래서인지 비판이란 말 자체를 아예 부정적으로 보는 경향이 있다. 이런 문화는 체면을 중시하는 한국인의 기질과 관련이 있을 것이다. 우리는 자존심이 강해 누가 자신의 의견에 반대를 하면 체면이 깎이는 것으로 여긴다.

이런 태도는 조직의 발전을 가로막는다. 조직원이 리더의 눈치를 보게 되면 좋은 아이디어가 있어도 말하기를 주저하게 되기 때문이다. 또한 비판을 못 견디는 리더는 내부뿐만 아니라 외부의 의견도 무시하는 경우가 많다. 이래서는 문제가 발생했을 때 돌파구를 찾아내기 힘들다.

그러므로 조직의 리더는 타인의 의견을 경청하고 비판적인 의견도 겸허하게 받아들일 줄 알아야 한다.

명인의 묘수를 비판한 소년

17세기 일본 바둑계에 힘바둑으로 유명한 죠와(丈和) 명인이 있었다. 싸움바둑의 달인이어서 별명이 '전투13단'이었다. 오늘날로 치면 죠와는 화려한 전투바둑의 대명사인 이세돌 9단처럼 펀치력이 엄청나게 강한 고수였다.

당시 일본에서는 '명인기소(名人碁所)'라는 바둑 관직을 놓고 4대 바둑문파가 경쟁을 벌이고 있었다. 그중 최대 가문인 혼인보가를 대표한 죠와 명인은 라이벌 인세키 8단의 거센 도전을 받았다. 명인기소를 노린 인세키는 제자 인데쓰와 죠와가 시합을 벌이도록 했다. 만일 이 대결에서 죠와가 패하면 권좌에서 물러나게 될 수도 있는 중요한 한 판이었다.

이 바둑은 몇 날을 두고 진행되었다. 최고봉에 오르려는 스승을 위

해 대리전에 나선 인데쓰는 이 바둑을 꼭 이기고 싶었다. 그러나 인데
쓰는 죠와 명인의 묘수 몇 방을 맞고 쓰러졌다. 죠와 명인의 완력이 무
척 강했기 때문이다. 인세키는 패배의 충격으로 피를 토하고 젊은 나
이에 세상을 뜨고 말았다. 바둑팬의 가슴을 아프게 한 이 역사적인 대
국은 피를 토한 바둑이라고 해서 '토혈지국(吐血之局)'이라고 불린다.

승리한 죠와 명인은 혼인보가의 제자들에게 이 바둑을 보여주며
자신의 무용담을 늘어놓았다.

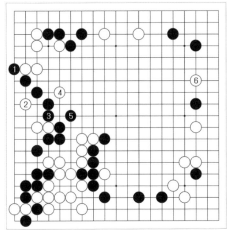

|1도|

[1도]에서 백2로 희생타를 던지고 백4로 둔 수가 묘수로 일컬어진
다. 죠와는 이 수의 의미를 설명하며 자랑했다. 제자들은 스승의 멋진
수법에 탄복을 금치 못했다.

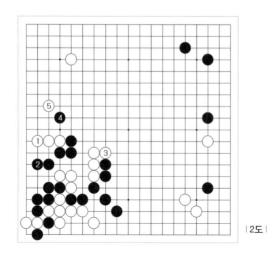

|2도|

그러나 15세의 한 소년제자가 죠와 명인이 둔 수를 지적했다.

"선생님께서 두신 수는 좋은 수지만, 이런 희생타를 두게 된 것은 그 전에 이상한 곳에 두었기 때문입니다. 그전에 ([2도]처럼) 백1로 두어놓고 백3에 두어야 했습니다. 그러면 흑4에 백5로 둘 수가 있어 실전보다 좋았을 것입니다."

예상치 못한 지적에 죠와 명인은 놀라움과 함께 입맛이 씁쓸해졌다.

'머리에 피도 안 마른 녀석이 감히 명인의 수를 비판하다니!'

그러나 죠와 명인은 화를 내지 않았다. 오히려 이 소년을 눈여겨 보고 자신의 후계자로 삼을 생각을 했다. 당돌하기는 하지만 대고수인 자신이 생각하지 못했던 문제점을 지적한 것이 기특했던 것이다.

이 소년의 이름은 슈와인데 나중에 바둑사에 길이 남을 고수가 되어 혼인보가의 뒤를 이었다. 바둑스타일. 즉 기풍(棋風)으로 보면 슈와는 스승과 상반되는 타입이었다. 강편치를 휘두르며 전투로 판을 이끌어가는 죠와 명인과는 달리 슈와는 유연한 실리 위주의 바둑을 구사했다. 스승과 다른 스타일이었기 때문에 스승이 생각하지 못한 수를 볼 수 있었는지도 모른다.

이처럼 비판적인 의견도 활발히 수용하는 분위기를 만들면 생각지 못한 묘수가 탄생하는 경우가 많다. 조직의 리더라면 죠와 명인처럼 부하직원의 비판적인 의견에 귀를 기울이는 아량을 갖는 것이 좋지 않을까.

인생과 비즈니스의 축소판으로 통하는 바둑에서 경영의 전략과 지혜를 뽑아보았다. 그 내용은 경영 전문 서적의 내용과 일맥상통하는 것들이 많다. 다른 점이 있다면 바둑 분야의 독특한 사고방식이나 관습을 통해 경영을 바라봤다는 점일 것이다.

마지막으로 이 책에서 배운 내용을 정리해 보기로 한다. 보통은 책을 읽고 나서 시간이 지나면 읽었던 내용의 80~90%는 잊혀진다. 그래서 내용을 요약해서 자주 들여다보는 습관이 필요하다. 다음처럼 각 장의 키워드를 뽑아 핵심 내용을 정리해 보면 효과적일 것이다.

- 나만의 독창성, 정수경영, 상생의 철학
- 원대한 꿈, 조화 추구, 유행 파악, 발전성

- 중복형 지양, 체면 중시, 느림의 위력, 주도권 행사

- 지식 체화, 하수의 정석, 최신정보 수집, 격식 타파

- 거안사위, 대마 탄력, 양곤마, 요석 살림, 버림의 미학

- 전략 필수, 지피지기, 강점 활용, 세력 활용

- 급소공략, 응수타진, 사업 실익, 공피고아

- 마음읽기, 미래예측, 논리적 추론, 착각 주의

- 형세판단, 우선순위, 뒷맛 처리, 작은 승부수

- 기록 중요, 복기의 습관, 비판 수용

요약해 보니 40개쯤 된다. 키워드만 봐도 읽은 내용이 생각나며 정리되지 않는가.

이것을 가슴에 새겨 자신의 지식으로 만들어보자. 그리고 현장에서 응용해 보자. 현장에서 활용하지 않는 지식은 죽은 지식이다.

이 내용을 자기 것으로 만들어 자유롭게 실천할 수 있다면 당신은 경영의 고수가 될 수 있다. 세상을 바라보는 시각, 비전과 목표 설정, 지식과 정보의 활용, 위기관리, 경쟁의 전략, 미래예측과 문제해결, 마케팅과 싸움, 형세판단과 전략, 복기와 커뮤니케이션 등 다양한 경영의 현장에서 실력을 발휘할 수 있다.

물론 이 책에서 다룬 내용이 바둑경영의 전부는 아니다. 훨씬 더 많은 내용들이 있다. 여기에서는 가장 기본적이고 중요한 개념들만 다뤘을 뿐이다. 이 책을 통해 바둑경영학에 관심이 생긴다면 세부적인 내용을 더 습득하여 경영 9단이 되시기 바란다.

정수현 9단의
고수경영

2015년 12월 30일 1판 1쇄 인쇄
2016년 1월 15일 1판 1쇄 발행

지은이 | 정수현
펴낸이 | 이병일
펴낸곳 | **더메이커**
주 소 | 10521 경기도 고양시 덕양구 무원로 63 1009-305
전 화 | 031-973-8302
팩 스 | 0504-178-8302
이메일 | tmakerpub@hanmail.net
등 록 | 제 2015-000148호(2015년 7월 15일)

ISBN | 979-11-955949-2-4 (03320)
ⓒ 정수현, 2016

이 도서의 국립중앙도서관 출판예정도서목록(CIP)은 서지정보유통지원시스템 홈페이지
(http://seoji.nl.go.kr)와 국가자료공동목록시스템(http://www.nl.go.kr/kolisnet)에서
이용하실 수 있습니다. (CIP제어번호: CIP2015034386)